内贸流通新实践与新对策

（2017）

依绍华　等著

中国社会科学出版社

图书在版编目（CIP）数据

内贸流通新实践与新对策.2017/依绍华等著.—北京：中国社会科学出版社，2017.10
ISBN 978-7-5203-1322-3

Ⅰ.①内… Ⅱ.①依… Ⅲ.①国内贸易—商品流通—研究报告—中国—2017 Ⅳ.①F724

中国版本图书馆 CIP 数据核字（2017）第 264808 号

出 版 人	赵剑英
责任编辑	王 曦
责任校对	周晓东
责任印制	李寡寡

出 版	中国社会科学出版社
社 址	北京鼓楼西大街甲 158 号
邮 编	100720
网 址	http://www.csspw.cn
发 行 部	010-84083685
门 市 部	010-84029450
经 销	新华书店及其他书店

印 刷	北京明恒达印务有限公司
装 订	廊坊市广阳区广增装订厂
版 次	2017 年 10 月第 1 版
印 次	2017 年 10 月第 1 次印刷

开 本	787×1092 1/16
印 张	9.5
插 页	2
字 数	101 千字
定 价	45.00 元

凡购买中国社会科学出版社图书，如有质量问题请与本社营销中心联系调换
电话：010-84083683

课题组成员

张　昊　廖　斌　李　锐

目　　录

一　流通产业落实新理念意义与内涵

（一）流通产业落实新理念意义和条件

中共十八届五中全会审议通过的《中共中央关于制定国民经济和社会发展第十三个五年规划的建议》提出了创新、协调、绿色、开放、共享的发展理念，这是实现"十三五"目标、引领中国未来发展的重要思路和要求。总的来看，要破解我国当前的发展难题、形成长期优势，就必须牢固树立并切实贯彻这五大发展理念；对于不同的产业部门而言，结合上述发展理念寻找短板、突破难点，则是抓住机遇、提升层次的关键举措。

当前，流通产业正处于从粗放型、扩张型发展转向精细型、质量型发展的进程之中，存在不少与"创新、协调、绿色、开放、共享"发展理念不相符的地方。片面依靠规模经济而忽视组织方式创新、网点竞争过度与服务供给不足并存、追求增长效益而淡化环保理念、注重局部利益而损失开放互利收益、聚焦大众市场而对多样化需求重视不足等问题，限制了内贸流通业的发展，阻碍了其产销媒介职能的发挥。因此，有必要对流通产业落实新发展理念的问题进行重点探讨，提升其满足消费需求、引领生产升级的能力。

流通产业实践新型发展理念，一方面是社会经济发展对行业提出的要求，另一方面是流通产业自身改善经营绩效、拓宽发展空间的必然选择。当前，内贸流通业实践"创新、协调、绿色、开放、共享"发展理念具有可行性，主要体现以下几个方面：

（1）改革开放以来的发展积累为理念构建提供了基础。经过三十多年的改革开放，我国流通产业取得了长足的发展，市场机制的作用明显增强，全局意识、长远意识逐渐得到企业、政府、从业者和消费者的认可，各种先进的发展理念不断深入人心。与此同时，产业发展积累了一定的资金和技术条件。在这一时点推动落实五大发展理念，是对行业前期发展成果的总结和深化。

（2）新形势、新常态下的竞争导向和发展方向使产业内的微观经营主体产生了实践新型发展理念的自我动机。在当前流通产业竞争的形势下，企业过去的许多发展模式和增长思路已经无法持续。在市场机制的引导下，行业内自发的转型调整要求企业寻找能够满足消费者新型诉求的行为方向，并体现经济社会长远发展的要求。因而，企业自下而上的自主行为能够与贯彻落实五大发展理念的宏观要求相互结合。

（3）流通产业践行新型发展理念能够得到来自各级政府、行业协会等多方面的支持。流通产业的职能在于实现商品由制造环节向消费环节的流动与价值实现。在当前大力推进"中国制造2025"战略，打造制造强国，在转变经济增长结构的过程中注重扩大国内需求、拉动居民消费的背景下，中央及地方政府对于流通产业的重视程度明显增强；同时，近年来流通领域行业协会的建设取得了明显进展，它们在协调行业内部企业间关系以及企业行为与政府导向间关系等方面的作用不断增强。

（4）实践新型发展理念的过程将提升行业整体水平，不断产生自我促进的力量，实现良性循环。新型发展理念着眼于全国的宏观层面，流通产业贯彻新型发展理念的过程，实质上就是流通产业通过自我调整，使之更加符合社会经济发展总体要求的过程。随着企业更加关注、重视新型发展理念，其践行发展理念的具体行为将引领产业内竞争方向和重点的变化，使之成为优胜劣汰的重要选择标准，新型发展理念在产业内的作用也将在实践过程中得到不断的强化和延伸。

（二）流通产业与新发展理念

1. 流通产业与创新理念

创新是引领发展的第一动力。坚持以创新求发展，就必须把创新作为国家整体发展的核心，不断推进理论、制度、技术、文化等多方面的创新。从宏观层面来看，创新发展包括以下几方面：一是培育新的发展动力，优化劳动力、资本、土地、技术、管理等资源的配置，激发创新创业活力，鼓励大众创业，创造新的供给，发展新技术、新产业、新业态。二是扩大新的发展空间，促进沿江沿海经济带的形成，培育一批重点经济区，实施"互联网＋"战略，发展分享经济。三是进行新型产业体系建设，加快制造业强国的建设步伐，培育一批新兴产业并加速现代服务业的发展。四是建设新的发展体制，改革产权制度、投融资制度、分配制度，优化人才培养和引进机制，深化行政体制改革，同时进一步转变政府职能，继续推进权力下放，提高政府工作效率，激发市场活力和社会的创造力。

在流通领域，要发挥流通产业对于经济发展的先导作用，就应当使创新成为发展的基点，这就对流通理论创新和流通实践创新提出了新的要求。理论方面，我国流通理论研究缺乏系统性，对实践活动的解释能力有限，流通理论研究与现实发展脱节严重；在实践活动中，流通理论也没有引起足够重视，很多城市在商业网点规划时，缺乏科学统筹考虑，行政主观决策问题突出。因此，我国流通理论创新既要与现代经济理论相结合，又要紧密联系中国实际，借鉴相关学科，并强化交叉领域的研究，使之更好地服务于现实。实践方面，改革开放以来，我国流通产业虽然取得了长足发展，但仍然存在很多问题，包括产业集中度低、流通费用高、商业网点布局不合理、低水平竞争过度、零售企业盈利模式单一等，这就要求流通领域在制度、产业组织以及技术等方面进行创新。

流通制度创新的重点是要将强制的政府行政约束与柔性的社会规范引导相结合。目前我国流通发展中面临的许多问题与市场经济体制不完善有着紧密的联系，如交易环境混乱、低水平竞争过度等；同时，流通领域从业人员技术水平与文化素质也有很大的提升空间。因此，要在界定政府自身权责的基础上，探索建立以优化市场环境来引导市场机制发挥作用的新型流通制度体系。

流通产业组织创新的重点是流通产业内各企业间的联系与关系。组织方式不同是导致流通效率高低的直接原因。目前，流通产业集中度低，小规模企业数量众多，专业化分工协作水平低，这是导致低水平竞争的主要原因；与国外流通巨头相比，国内流通企业的竞争能力较为有限。组织创新的内容包括构建现代化流通平台与高效率流通网络、鼓励流通企业并购重组等，其最终目的是提升流通产业发挥自身职能的能力，形成能够为其他产业提供支撑乃至相互融合的"大流通"。

流通产业技术创新包括对流通产业的规范化、技术数据的标准化和配送中心技术水平的提升，尤其要充分利用以互联网为代表的信息技术手段，创新流通模式，提升供给能力。一方面更好地满足多样化、个性化的消费需求，另一方面在促进产需对接、推动供应链整合以及完善上下游信息传递渠道等方面发挥职能，最终达到增大有效供给、引领产业升级的目的。

2. 流通产业与协调理念

协调是持续健康发展的内在要求。坚持协调发展，就要抓住中国特色社会主义事业的总体布局，推进发展中的重大关系协调发展。从国家宏观层面来看，协调发展包括区域之间、物质文明与精神文明建设之间、城乡之间以及经济建设与国防建设之间的协调和融合发展。协调发展的目的是同时提升国家的硬实力和软实力，补齐短板，强化薄弱环节，使国家整体同步向前迈进。

城乡发展不平衡是我国社会经济长期以来面临的重要问题，在流通产业也较为突出。只有促进区域协调发展，才能保证要素自由、有序流动，这既是市场机制有效发挥作用的基础，也是经济社会实现可持续发展的保障。推进城乡协调发展，应当与城镇化或城乡一体化进程相结合，尤其要提升农村公共服务建设水平。在流通领域，要扩大流通节点及流通网络的覆盖面，支持大型流通企业在城乡发展多层次商业网点，通过延伸式发展做大做强本土商贸企业。同时，应当提升城市与农村之间产品双向流通的整合度，破除城市与农村之间的体制性障碍，加强城乡流通规划、流通政策、流通基础设施建设以及物流体系和信息体系的一体化建设，并注重在微观层面培育农业合作组织、农村连锁超市等农村流通主体，为创新城乡双向流通模式提供支撑。

与此同时，由于地理区位、市场化程度、工业化与城市化水平等方面的差异，我国不同区域间的流通产业发展水平也存在一定差距。以传统流通产业转型为契机，加强东、中、西部之间优势互补与相互协作，促进行业内核心要素的有效流动，可以将过去的"盲点"变为未来的"热点"。在开拓中部、西部地区消费市场的过程中，推进城市商贸中心、大型商业企业和节点城市物流园区的建设与发展，并在这一过程中普及先进、成熟的交易模式和流通技术，是提升行业自身效率的重要途径。通过创建城市间的互动项目、对接农副土特产品与大型超市、培育大型地区性农产品批发市场等举措，实现全国性流通网络的整体协调发展，也是全国流通行业整体水平提升的内在要求。

在完善城乡网络、缩小区域差距的同时，还要协调好流通与生产、消费之间的关系以及外资商业与民族商业之间、强势零售商与供应商之间的关系，使各方共同面向市场，实现互惠共赢，促进流通领域和谐发展。

3. 流通产业与绿色理念

绿色是追求美好生活与可持续发展双重目标的体现。坚持绿色发展理念，必须坚持节约资源和保护环境的基本国策。在生产、生活中倡导体现生态文明的绿色发展路径，既是我国建设资源节约型和环境友好型社会、形成经济与环境协调发展新格局的要求，又是减少污染排放和资源消耗、为全球生态环境维护和治理做出贡献的内在要求。从国家总体层面来看，绿色发展包括加快推进主体功能区建设、加强环境治理力度，以及建立生态安全屏障等。

在内贸流通领域落实绿色发展理念，主要体现在以下两个方面：

一是推动流通产业自身的低碳化发展。目前，我国内贸流通业的一些产业活动具有高能耗、高排放的特点。例如，商城、购物中心、购物街区等大型商贸活动聚集区能耗较高，是造成资源不合理利用和环境污染的主要因素。又如，快递业在电子商务快速发展的推动下出现了爆发式增长，货物包装材料的耗用量急剧增加。因此，强化相关领域的节能化、节约化发展要求，是实现绿色流通的重要内容。当前，有必要加强流通产业低碳经济的法律法规建设，制定相应的行业绿色标准监管体系，引导全行业进行低碳技术的创新与运用，降低污染物排放，提高资源利用效率。

二是通过流通产业发挥职能作用和功能提升，为促进绿色消费、构建绿色供应链和实现循环经济提供更好的基础和条件。流通产业直接面对最终消费者，是倡导绿色消费过程中十分关键的一环。流通企业在为消费者提供产品及相关服务时，既要满足顾客需要及其改善生活质量的诉求，也应当注意减少自然资源的消耗，尽量避免有毒有害材料的使用和资源的浪费，并使污染物的产生最小化。从整个价值链或供应链角度来看，流通位于中间环节，起着连接生产和消费的重要作用。加强绿色流通建设，会在一定程度上带动上下游产业整体形成绿色环保意识，促进绿色供应链的建立。同时，完善流通组织形式、减少不必要的环节、整合流通资源、提升流通渠道整体效率，也是实现低碳流通的重要途径。构建循环经济的重要前提是建立各个生产环节之间的物料流通与衔接，使一个产业排放的废弃物或污染物成为另一个产业的原材料。要建立并完善这样的绿色循环系统，就应当形成包含产品采购、物流运输、商品销售和废弃物回收在内的一整套体系。在这一过程中，既要发挥专业物流和逆向物流的作用，又要重视商流和信息流的渠道构建，从而降低构建经济闭环的成本，使流通产业在循环经济的构建中发挥好"润滑剂"的作用。

4. 流通产业与开放理念

开放是国家繁荣发展的必由之路。国际经济的发展趋势要求中国融入世界潮流，只有奉行互惠共赢战略，推动开放型经济向更高水平发展，才能使我国更加积极、有效地参与到全球经济治理和公共产品供给当中，从而在全球经济治理中提升话语权。从国家总体层面来看，当前开放发展方面的任务主要包括开创对外开放新局面、优化对外开放战略布局、形成对外开放新体系等。开创对外开放新局面，是要加快提高开放水平以及丰富开放内涵，推进战略互信、经济合作、文化交流，努力形成深度融合、互利合作的新格局。优化对外开放的战略布局，是要推进双向开放，加强合作与交流，提升全球影响力。形成对外开放新体系，重点是优化法律、商业环境，完善服务贸易体系建设，提高服务业的对外开放水平。在此过程中，推进"一带一路"建设、加快自贸区战略的实施、主动承担国际责任和义务等，是国家提出的重要战略举措。

在开放成为世界经济趋势的大背景下，流通产业也应当以互利共赢为理念，促进内外贸融合发展，为打造更高层次的开放经济提供支撑。经济开放程度与内外贸易一体化水平的高低有着紧密的关联。在经济全球化推动下，内外贸一体化进程必然会随着我国经济对外开放程度的提高而加快。我国提出了"一带一路"倡议，自由贸易区战略也在稳步推进中，这些都会极大地拓展与周边国家、地区进行贸易的范围，增加商品贸易的方式，丰富商品贸易的种类。在此情况下，境外物流园区的建设、国内交易市场的国际化、商贸互联互通制度规则体系的完善，以及国际贸易综合改革试点做法等，将成为流通产业适应开放经济形势、开展多种内外贸合作的实践方向和研究焦点。在内外贸一体化的进程中，尤其要注意协调好内贸和外贸、政府和企业以及对内开放和对外开放的关系，完善流通体系，打造品牌优势，培育兼具内外贸职能的微观主体。

对于流通领域自身的发展而言，消除或减少地区边界的阻隔效应，建立统一的国内市场，也是践行开放发展理念的重要体现。我国一直致力于建立统一的国内市场，但由于地方保护主义等问题，区域市场分割一直备受关注。政府通过直接的行政干预手段或间接的影响措施妨碍其他地区的产品进入当地市场，从而达到保护当地产业、增加政府业绩的目的。这种地方"割据"的做法影响了商品、资本、技术在全国范围内自由流通，不仅大大降低了流通的效率，还使得市场配置资源的功能得不到有效发挥。合理界定政府在经济领域的权责范围，从转变理念入手减少行政力量的干预，是破解市场分割问题的关键。在微观层面，应当为企业构建自由、开放的市场竞争空间，使之根据自身的经营水平自主选择从事国内经营还是国际经营、从事本地经营还是多地区经营，从而决定其产销规模和经营策略；在宏观层面，仍要积极推动内外贸协调统一管理，打破属地化、分割化管理体制，在制定和执行内外贸政策时体现流通产业的统一性。

5. 流通产业与共享理念

共享是中国特色社会主义的本质要求。坚持共享发展，是要坚持发展为人民，发展依靠人民，发展成果由人民共享，使人民能够深切感受到物质文化水平的提升所带来的生活质量的改善，提高幸福指数。共享发展是增强人民团结、实现共同富裕的前提和保障。从国家宏观层面来看，共享发展的目标包括增加公共服务供给、实施脱贫攻坚工程、提高教育质量、促进就业创业、缩小收入差距、建立更公平更可持续的社会保障制度、推进健康中国建设、促进人口均衡发展等。

在流通产业未来的实践过程中，通过丰富供给层次、优化市场结构来满足不同收入阶层、不同年龄阶段和不同消费偏好人群的需求，既是流通产业自身拓展发展空间的内在要求，也是促进均衡发展、实现共同富裕目标的体现。当前，我国共享性流通市场发展迅速，小微型、创业型企业的产品都有机会获得广泛的市场。但流通环境中也存在不尽如人意之处，例如追求短期利益导致商品售后服务和质量保证差、热衷于低价促销导致低水平过度竞争等。这些现象对于满足消费者需求和促进制造业生产优化，都具有负面影响。其结果是，在城镇或较为发达地区，居民国外消费热度不减；而在农村或商业设施较为落后的地区，商品质量差、品种单一，较高的消费出行成本使居民放弃消费、抑制消费成为被迫之举。因此，流通产业在发展过程中要注重改善流通环境，一方面加强商业诚信体系建设，增强行业自律约束，使消费者能够放心消费、安全消费；另一方面推动电子商务发展，创新网上购物，从而通过降低流通成本、完善需求信息传导等方式，为大量能够满足"小众需求"的小微企业成长发展与广大消费者多样化、多层次消费需求提供条件。尤其是，要在网点布局与扩张的过程中注重多样化商业业态组合，创新经营模式，优化市场结构，丰富供给层次，这样才能使更多顾客的潜在消费需求得到有效释放和满足，起到刺激消费、扩大消费的作用。

此外，流通领域还是大量吸纳就业的经济领域。在贯彻落实共享发展理念的过程中，可以将推进中等职业教育、促进就业和创业策略与内贸流通业的发展相结合。鼓励商贸职业学校的建设，有助于流通专业技能人才的培养和行业整体从业人员素质的提升。同时，针对流通产业内人员流动性大的普遍现象，既要规范劳动力市场，又要完善工资、奖金、报酬的科学决策机制，为多种灵活就业、新就业形态提供支持。并且，应当优化针对小微企业的优惠政策，鼓励有能力、有技术、有思路的优秀人才自主创业。此外，流通产业也具有明显的流动人口就业特征，建立更加全面、统一的医疗和社会保障体系，也是实现产业持续稳定发展的客观要求。

二　流通产业实施新理念现状

近年来，我国经济进入新常态，流通产业快速发展，流通市场规模持续扩大，流通网络体系日益完善，新兴业态不断涌现，流通产业呈现信息化、网络化、标准化、集约化、智能化的新特征，"创新、协调、开放、绿色、共享"的发展模式日渐凸显，已成为经济新常态下推动消费扩张和经济发展的重要力量。但总体上看，我国流通产业仍处于从粗放型向效益型转变的过程中，还存在不少与"创新、协调、绿色、开放、共享"发展理念不相符的地方，这也是未来中国流通产业转型升级发展所需要面对的关键问题。

（一）创新

1. 发展现状

从全球看，新一轮科技革命和产业革命正蓄势待发。信息技术、移动互联网、云计算、大数据、物联网、生物技术、新能源、新材料、3D 打印、节能环保、生物识别、可穿戴智能产品等新技术的突破和应用发展，全面改变了人们的生产生活方式，也推动了流通产业的创新和变革，为流通产业创新发展提供了空间和机遇。在此环境中，我国流通产业不断强化新技术的应用，创新商业模式，流通产业新技术、新业态、新渠道、新模式不断涌现，信息化、网络化、标准化、集约化发展进程进一步加快。

（1）创新发展的顶层改革深化推进。

新的经济发展阶段中，我国加大了流通创新的推进和支持力度，出台了一系列政策措施，着力创新体制改革试点，建设法制化营商环境，为流通领域创新发展提供了良好的顶层设计和发展环境。

近年来，国务院相继出台《国务院关于深化流通体制改革加快流通产业发展的意见》（国发〔2012〕39号）、《国务院办公厅关于促进内贸流通健康发展的若干意见》（国办发〔2014〕51号）、《国务院办公厅关于深入实施"互联网＋流通"行动计划的意见》（国办发〔2016〕24号）、《国务院办公厅关于推动实体零售创新转型的意见》（国办发〔2016〕78号）等文件，为流通产业改革创新提供了具体政策建议和发展措施。2015年7月，国务院确定在上海等9个城市开展国内贸易流通体制改革发展综合试点，重点在流通创新发展机制、市场规制体系、基础设施建设运营模式、管理体制等方面进行探索，以形成有利于创新发展的体制机制。在具体建设领域，国务院下发《关于大力发展电子商务加快培育经济新动力的意见》（国发〔2015〕24号）、《关于促进跨境电子商务健康快速发展的指导意见》（国办发〔2015〕46号）、《关于积极推进"互联网＋"行动的指导意见》（国发〔2015〕40号）、《关于推进线上线下互动加快商贸流通创新发展转型升级的意见》（国办发〔2015〕72号）等文件，商务部也制定了《"互联网＋流通"行动计划》，并出台了《关于智慧物流配送体系建设实施方案的通知》（商办流通函〔2015〕548号）、《关于促进老字号改革创新发展的指导意见》（商流通发〔2017〕13号）等具体性文件，明确提出创新现代流通方式，推动现代信息技术在流通产业内的融合创新，加速电子商务、连锁经营和现代物流配送等新型流通方式发展，推进流通产业的创新发展和转型升级。这些文件为流通产业的创新发展提供了良好的顶层支撑，用以进一步实现流通产业的技术创新、业态创新、组织模式创新。

（2）技术创新应用进程加快，信息化水平进一步提高。

现代技术革命深刻影响流通产业的发展。近年来，流通产业不断推进互联网、物联网、云计算、大数据、全球定位系统、地理位置服务、电子标签、移动支付、虚拟现实等新技术的实施应用，现代流通方式创新不断涌现，内贸流通业信息化、智能化进程日渐加快。

目前，越来越多的流通企业利用现代信息技术提高经营管理水平，企业内部管理的信息化程度日益提高。根据中国互联网信息中心的调查数据，2014年批发和零售业中，使用计算机的企业占 90.5%，使用互联网办公的企业占 78.5%，利用互联网发布信息的企业占 57.9%，使用过网银的企业占 78.0%，建设独立网站的企业达 34.9%，拥有网店的企业达 18.8%，应用在线采购的企业达 33.8%，开展互联网营销的企业达 19.6%（见表 2-1）。流通企业互联网技术应用水平不断提升，居全国行业前列。

流通产业信息化的另外一个方面是企业内部的信息管理，现时 70% 以上的连锁企业建立了前台 POS 机和 MIS、ERP 管理系统，53% 的企业使用了办公自动化系统，89% 的企业使用了财务管理软件系统，30% 的企业进入了商业自动化技术、现代通信技术和网络信息化技术相结合的数字化管理系统集成阶段。一些大型流通企业通过建立企业资源计划系统（ERP）和供应链管理系统（SCM），实现供销存、人财物的集成化统一管理，形成从需求预测到订货、送货、结算的快速反应体系，利用计算机网络技术，全面规划供应链的商流、物流、信息流、资金流等；并进行计划、组织、协调与控制，企业内部信息化应用水平进一步提升。

表 2 - 1　　　　2014 年批发和零售企业互联网使用指标　　　单位:%

	批发和零售业	交通运输、仓储和邮政业	租赁和商业服务业	居民服务和其他服务业	总体
使用计算机的企业	90.5	94.0	88.8	86.5	90.4
使用互联网办公的员工	64.8	47.8	72.3	57.1	53.1
使用互联网办公的企业	78.5	76.2	89.0	80.8	78.7
利用互联网发布信息的企业	57.9	51.6	66.5	48.8	60.9
使用过网银的企业	78.0	76.6	77.0	65.5	75.9
建设独立网站的企业	34.9	27.4	40.3	27.9	41.4
拥有网店的企业	18.8	9.5	11.6	10.6	17.0
应用在线销售的企业	34.9	12.5	19.9	19.0	24.7
应用在线采购的企业	33.8	12.5	24.2	15.5	22.8
开展互联网营销的企业	19.6	11.9	25.4	18.3	24.2

资料来源：中国互联网信息中心。

根据中国互联网络信息中心第 39 次《中国互联网络发展状况统计报告》，2016 年我国企业信息化应用水平进一步提高，截至 2016 年末，全国开展在线销售的企业占 45.3%，较 2014 年总体提高了 20.6 个百分点；开展在线采购的企业占 45.6%，较 2014 年应用率提高了 1 倍；开展互联网营销推广活动的企业占 38.7%，较 2014 年提高了 14.5 个百分点。

在我国企业信息化整体水平大幅提高的背景下，零售业作为受信息化技术冲击最强烈的行业之一，在信息化技术应用方面一直走在前列。部分便利店、超市、百货店等实体店通过安装无线 Wi – Fi，综合运用二维码、智能 POS 机、电子标签、大数据分析等技术和设备改造硬件设施，经营场所信息化、智能化水平得到进一步提升。一些流通企业加快智能化建设和大数据应用技术，推动基于大数据的精准信息服务，基于第三方支付及互联网金融的支付服务，基于物联网、位置服务、智能物流的供应链服务等技术的示范应用，流通产业自动化、智能化水平进一步提高。

（3）新型流通业态不断涌现。

在新的技术和市场需求推动下，流通产业不断创新发展，流通多业态经营模式日益演进，非标准类新业态层出不穷，诸如便利店、折扣商店、超市、大型超市、货仓式商店、仓储会员店、百货店、专业店、专卖店、家居建材店、自动售货、直销、邮购商店、网络商店、城市综合体、城市购物中心发展迅速，新业态销售额在流通产业销售额中所占的比重日益增加，商业模式创新不断。

在微观层面，流通企业日渐向综合服务商转变，连锁百货店、购物中心、大型超市等快速发展，且更加注重商业与餐饮、创意、休闲等业态融合发展，衍生出更加多元化的业态，提供更加综合化的服务。

在零售业中，2014 年商务部新修订的《零售业态分类》标准中共有 17 类新业态；农产品市场中，逐渐出现生鲜超市、网上菜市场、社区菜店、限时菜市场、周末蔬菜直供点等新型市场体系；线上线下融合也产生出新业态，网上外卖模式向一家专业外卖配送平台对接多家商户的生态化产业集群模式转型，2016 年网上外卖用户规模达到 2.09 亿；社区商业 O2O 成为内贸流通的新业态，京东社区 O2O 项目"拍到家"、赶集网社区 O2O 项目"赶集好车"等线上线下融合的新型社区商业模式不断涌现，共享经济、网红经济、新零售等概念也受到资本热炒。

传统商业的社区化、便利化、智能化趋势明显，新型便利店发展迅速，并不断创新服务，实体零售与各类便民服务日益结合，为市场提供物品接收、送货上门、维修、洗衣、代收代缴、影印、传真、快餐、熟食、代售报刊等便民服务。从市场表现来看，新型业态成长迅速，根据商务部重点流通企业监测数据，2016 年购物中心销售额同比增长 7.4%，增速比超市、百货店和专业店分别高0.7个、4.3个和6.1个百分点，购物中心销售额增速连续三年排名第一。这些新的商业业态的出现，迎合了市场需求，也进一步扩大了消费市场。

（4）电子商务蓬勃发展。

信息技术在流通领域的应用，创新了商业模式，推动了电子商务的蓬勃发展，电子商务逐渐向零售业、批发业、物流业、生活服务业、商务服务业等内贸流通全域渗透，B2C、C2C、O2O等线上线下融合发展，网络零售、跨境电商发展迅速，日渐成为重要的产业形态和新的经济增长点。

近年来，为适应经济发展新态势，国家出台诸多政策推动电子商务发展。国务院2015年下发《关于推进线上线下互动加快商贸流通创新发展转型升级的意见》、2016年下发《关于深入实施"互联网＋流通"行动计划的意见》，商务部启动《"互联网＋流通"行动计划》《电子商务"十三五"发展规划》，加快推进传统零售业、批发业、物流业、生活服务业、商务服务业深化互联网应用，完善技术、物流、支付、认证、数据等电子商务支撑体系，重点建设一批集研发、设计、配套服务于一体的电子商务发展基地，培育一批电子商务龙头示范企业、示范基地、示范城市和全国性电商平台，促进电子商务快速发展。在此基础上，电子商务这一新兴业态呈现蓬勃发展态势。

第一，电子商务市场规模不断扩大，网络零售发展趋于成熟。2016 年全国电子商务交易额达 22.97 万亿元，同比增长约 25.5%；网络零售交易额为 5.16 万亿元，同比增长 26.2%，占社会消费品零售总额的比重已达 15.5%，总体规模连续三年稳居世界第一位，其中实物商品网络零售额为 41944 亿元，同比增长 25.6%。2015 年"双十一"当天天猫交易额达到 912 亿元，2016 年"双十一"当天创下 1207 亿元的历史新高，网络零售发展势头良好，且趋于成熟。

第二，网络消费群体数量增长迅速，网络购物范围不断扩展。根据中国互联网络信息中心（CNNIC）第 39 次数据统计，截至 2016 年 12 月我国网络购物用户规模达到 4.67 亿，海淘用户规模达到 4100 万，网络购物交易范围不断拓展，由传统的书籍、电子产品、服装等扩展到生鲜、汽车、房产、医药等各类商品以及文化、创意、金融、保险等服务领域，跨地域、跨国境交易发展迅速。

第三，传统流通企业由线下向线上转型变革。企业通过自建网站、并购、与第三方合作等方式扩展在线渠道，利用微信、APP、微店等新技术平台，建立线上线下融合的渠道模式，提供网订店取、网订店送、上门服务、社区配送等各类便民服务，推动流通渠道由单一向多渠道转变。连锁百强企业中已有 2/3 以上的企业开展了网络零售。

（5）现代连锁经营快速发展。

依托现代信息技术、物流配送和电子商务的发展，流通企业通过直营连锁、兼并、特许经营等方式，大力建设直采基地和信息系统，流通产业连锁化发展进程不断加快。

根据国家统计局发布的数据，2015 年连锁经营规模不断扩大，连锁企业门店数、销售额等增长显著。连锁零售企业门店总数从 2006 年末的 12.89 万家增至 2015 年末的 20.98 万家，连锁零售企业营业面积从 2006 年的 8979 万平方米增长至 2015 年末的 16862 万平方米，连锁零售企业从业人数从 2006 年末的 187.10 万人增长到 2015 年末的 248.08 万人（见表 2-2），连锁经营成为当前零售业发展的重要内容。

表 2－2　　2006—2015 年连锁零售企业门店数和从业人数

年份	2006	2007	2008	2009	2010	2011	2012	2013	2014	2015
连锁零售业门店总数（万家）	12.89	14.54	16.85	17.57	17.68	19.58	19.29	20.41	20.64	20.98
连锁零售企业从业人员数（万人）	187.10	186.19	197.08	210.88	225.16	249.06	256.35	255.94	250.17	248.08
连锁零售企业营业面积（万平方米）	8979	10044	10197	11809	12757	13671	14766	15640	16221	16862

资料来源：国家统计局网站。

连锁经营方式覆盖各个业态，包括便利店、折扣商店、超市、大型超市、仓储会员店、百货店、专业店、加油站、专卖店、家居建材商店和厂家直销中心。其中专业店商品销售额占比最高，为42.1%；其次是加油站，商品销售额占27.3%；大型超市、百货店、超市、专卖店商品销售额所占比例位居其后。

连锁百强企业发展迅速，销售规模和百强入围门槛增幅明显。根据中国连锁经营协会发布的数据，2016年中国连锁百强企业门店总数达到11.4万家，同比增长5.9%；百强企业共经营超市和大型超市1.1万余家，便利店7.1万余家，百货店及购物中心1200余家，专业店和专卖店2.2万余家，餐饮等其他门店9000余家；百强企业销售规模达到2.1万亿元，同比增长3.5%，百强企业销售额占社会消费品零售总额的6.4%，其中苏宁云商以1735亿元的销售规模居中国连锁百强企业榜首，百强连锁企业最后一名的销售额为31.39亿元。

（6）直销方式日渐兴起。

现时，在商务部推动下，产销一体化模式、展示展销模式、产品直销模式、农商对接模式、农超对接模式等现代流通模式不断兴起。全国大部分省市开展了1000多个农超对接试点项目，开展农超对接的规模以上连锁经营企业已逾1000家，门店超过5万个，总营业面积达4600万平方米，从业人员200余万人，"农超对接"在农产品流通中的占比已达15％。一些零售业也积极推进垂直一体化，如永辉与韩国食品巨头希杰集团合作，上海联华超市与新西兰乳品企业纽仕兰达成战略合作，开展海外供应采购。

（7）现代智慧物流体系加快建立。

近年来，我国电子商务物流、冷链物流发展迅速，物联网等技术在物流领域中的应用范围日益扩大，物流信息服务平台等智慧物流体系建设加快推进，物流社会化、信息化、专业化水平得到进一步提升。

第一，智慧物流配送体系建设顺利推进。2015年，商务部出台《关于智慧物流配送体系建设的实施意见》，推进智慧物流配送体系发展，引导传统物流企业加快信息化改造。各类专业化仓储及配送设施建设力度加大，地理信息系统、射频识别技术等新一代信息技术在物流领域得到广泛应用，物流装备技术和现代化配送水平稳步提高。如菜鸟网络2014年7月普及推广电子面单，使用率从最初的不足 5% 增长至 2017 年的 80% 左右，并推出了大数据分单、鹰眼项目等多个大数据产品，有效推动了物流效率提升和成本降低。2016 年 11 月 10 日，京东物流在西安完成了首单无人机配送；2017 年 6 月，顺丰物流顺利拿到无人机物流牌照；未来无人机派送有望常态化，将极大提高物流配送效率。

第二，城市共同配送体系日益完善。商务部相继出台《全国城市配送发展指引》《第三方物流综合信息服务平台建设案例指引》等文件，在太原、长春等 22 个城市开展共同配送试点，探索建立新型的配送服务体系。这些试点城市应用物联网、自动拣选、节能冷藏等先进技术，构建了以物流分拨中心、配送中心、末端配送点和配送信息服务平台为支撑的物流配送网络，提高了"最后一公里"物流配送效率，试点城市共同配送覆盖率达到 55% 以上，试点企业物流配送成本降低 5 个百分点以上。

第三，物流模式创新发展。一批适应市场需求的物流模式脱颖而出，如以物流园区为载体贯通城区内外的共同配送模式，以专业批发市场为载体的商户共同配送模式，以商贸连锁企业为载体的门店间共同配送模式，以社区便利店等服务设施为载体的"网订店取（送）"、智能自助提货柜等末端共同配送模式，等等。商务部会同财政部、国家邮政局出台《关于促进快递服务与网络零售协同发展的指导意见》，在天津、石家庄、杭州、福州、贵阳5个城市开展试点工作，探索城市配送车辆规范运营、配送站点建设等新模式，快递物流与网络零售协同发展试点顺利推进。

第四，现代冷链物流发展迅速。冷链物流覆盖率是衡量一个国家物流现代化水平的重要指标。近年来，我国加快了冷链物流设施建设，鼓励各类农产品生产加工、冷链物流、商贸服务企业改造，新建一批适应现代流通和消费需求的冷链物流基础设施；引导使用各种新型冷链物流装备与技术，推广全程温度监控设备，完善产地预冷、销地冷藏和保鲜运输、保鲜加工的流程管理和标准对接，逐步实现产地到销地市场冷链物流的无缝衔接，保障了商品质量安全。

（8）标准化水平进一步提高。

流通产业标准化建设加快推进。围绕商贸物流、电子商务、农产品冷链、居民生活服务等重点领域，加强标准的制定和修订力度，制定基本经营要求、服务规范、交易规则、消费者保护、安全健康、节能环保、信息化自动化技术应用等方面的管理标准和技术标准，构建国家标准、行业标准、团体标准、地方标准和企业标准相互配套、相互补充的内贸流通标准体系，积极开展标准化试点工作，强化流通标准实施应用，流通产业标准化水平得到进一步提高。

物流领域内，我国已发布各类物流标准超过800项。2014年商务部下发了《国家标准委、商务部关于加快推进商贸物流标准化工作的意见》（国标委服务联〔2014〕33号），在北京、上海、广州开展实施"商贸物流标准化行动计划"试点示范工作；2015年选择京津冀、长三角、珠三角地区10多个城市作为第二批"商贸物流标准化"试点城市，开展商贸物流标准化专项行动。试点工作以托盘标准化为抓手，推动整个物流仓储和设施标准化，对物流运作效率提升效果显著，有助于提升备货效率30%以上、装卸货效率50%以上、车辆周转效率1倍以上，库存周转成本降低29%以上。

（9）重要商品流通追溯体系初步建立。

流通产业不断创新流通方式，推进流通节点城市肉类、蔬菜、中药材等重要商品流通追溯体系建设，质量追溯体系的覆盖面和监控规模持续扩大，流通追溯与检测体系建设取得新成效，进一步加大对农产品生产和流通环节的质量监督力度。2010 年开始，商务部会同财政部分批支持 14 个省份、62 个城市建设肉菜、中药材流通追溯体系，20 个试点城市的 60000 多家企业建立肉菜追溯体系，形成辐射全国、连接城乡的肉菜追溯体系，实现对肉菜、中药材的产、运、批、零全链条信息化可追溯管理。截至 2015 年底，前四批城市已在 1.35 万家企业建成肉类、蔬菜、中药材流通追溯体系，覆盖 20 多万家商户，初步形成辐射全国、连接城乡的追溯网络体系。目前，重要商品流通追溯体系建设已覆盖 75 个城市的 3 万多家企业，总受益人口达到 4 亿多。

（10）组织模式创新。

近年来，流通企业不断创新组织模式，企业组织化程度不断提高。一些流通企业通过控股、参股、输出管理等方式实现跨区域并购和重组，由区域性连锁企业向全国性连锁流通企业转变。部分流通企业通过跨地区、跨行业、跨所有制实施战略性调整与重组，通过企业法人之间的相互参股、控股等形式，建立"互联网＋实体店铺＋物流＋金融"等跨界融合的服务模式，形成一批具有综合功能的大型连锁流通企业集团，如苏宁电器、国美电器、京东、大商集团、百联集团、永辉超市等15家零售企业已入选全球零售企业250强。

与此同时，持续创新中小流通企业发展平台，促进中小流通企业健康发展。2012年开始，商务部会同财政部先后在长沙市、金华市、新余市等城市开展中小商贸流通企业服务体系建设试点，包括开展中小商贸企业公共服务平台建设试点，制定《中小商贸流通企业服务体系建设指引》，各地建立健全试点地区、工作站、联系点三级中小商贸流通企业公共服务体系，探索促进中小企业连锁式、集聚式、平台式、品牌式发展的经验，已在48个地区开展平台建设试点，并通过组织银企对接团贷、组建互助合作基金、提供贷款担保补贴、发展典当融资等方式，缓解中小流通企业融资困难问题，为推动中小流通企业发展创造了极好的服务环境。

2. 存在的不足

虽然近年来流通产业创新发展步伐加快，但与现时技术发展水平、国外发达国家、其他行业和整个社会发展水平相比，流通产业现代化进程仍处于初级阶段，如何推进流通产业的技术创新、业态创新、组织创新是未来发展的关键议题。

（1）流通企业创新不足，盈利能力下滑。

大部分流通企业仍处于传统粗放式经营模式之中，依赖网点的扩张和价格竞争，缺乏商业模式和技术创新，导致企业盈利能力下滑，面临新的经营困境。从数据上看，流通企业销售额出现下滑，2016年全国50家重点大型零售企业商品零售额累计同比下降0.5%，其中有35家企业出现负增长；2016年百强连锁企业销售规模同比增速仅为3.5%，为有统计数据以来最低，其中34家百强企业出现负增长，且部分传统百货店出现关店现象，根据联商网数据，仅2015年一年，70家大型百货集团关闭门店数就达到87家。对流通企业来说，如何适应技术和市场变化，进行业态和模式创新，推动企业向集约型转变，是形成新的竞争力的关键。

（2）技术创新有待进一步提高。

一直以来，我们将流通产业看作是劳动密集型产业，事实上，流通产业现时的技术密集型特征日渐明显，相对而言，我国流通产业的技术创新研发、投入和推广应用都不够。特别是与国际上的大型流通企业相比，国内企业技术创新相对落后。例如，沃尔玛早在20世纪便建立了涵盖卫星、网络等在内的现代物流信息平台，开发了适应现代技术的物流仓储运输系统，与之相比，我国流通企业的技术应用和信息处理能力差距很大。而且，在技术应用和创新方面，我国流通企业既有传统手工作坊式的夫妻店、老字号，也有走在时代前列的电子商务企业以及对互联网、自动化等现代技术的应用，整个流通产业呈现出极大的差异性。因此，在新的科技革命背景下，如何把握互联网、物联网、云计算、无线射频、虚拟现实、人工智能、大数据等现代信息技术的发展，推进其创新应用，是未来流通产业实施创新理念的关键。

（3）企业集约化水平不高。

近年来，随着我国消费市场的持续扩张，一大批流通企业快速成长起来，但是与国际知名的流通企业巨头相比，我国流通企业的发展水平仍然较低，缺乏一批具有支撑力、创新力和带动力的国际性流通企业。以零售业为例，根据美国零售协会2017年评选的"全球零售业250强"名单，我国内地最大零售企业京东集团2015财年的零售收入为269.91亿美元，仅相当于沃尔玛的 5.6% 、家乐福的 31.8% 。总体上看，国内流通产业集中度较低，集约化水平不高，大部分流通企业存在"散、小、弱"情况，特别是在农产品流通领域，大多是零散的个体户，小商小贩是主体，缺乏专业大户、家庭农场、农民合作社、农业企业服务公司和农业产业化企业等新型农业经营主体，流通组织化程度较低。因此，要加快培育新型流通主体，形成一批具有国际竞争力的大型流通企业，促进流通产业集约化发展。

（4）流通成本过高，流通效率不高。

近年来，随着我国经济进入新常态，经济结构处于转型升级过程中，社会物流总费用增速显著降低，尤其是 2014 年以来，社会物流总费用增速已经低于 GDP 增速，2016 年社会物流总费用占 GDP 的比率已由 2014 年的 16.6% 降至 14.9% ，但是与发达国家这一数据相比仍有差距，其中日本为 11% ，美国为 8% ，欧盟仅为 7%[1]。在我国，工业企业"大而全、小而全"现象普遍，"自办物流"的低效格局远未被扭转，第三方物流发展缓慢，物流效率差。目前我国大部分企业仍使用自

---

① 周凌云、顾为东：《中国流通现代化发展现状、思路及政策建议》，《全球化》2014 年第 1 期。

有物流模式，汽车空驶率高达 37%，而美国、日本等国第三方物流发展水平较高，汽车空驶率大大降低，一般在 5% 以下。流通成本过高，流通效率不高，很大程度上是受制于我国物流体系的创新不足，如冷链物流建设滞后、现代物流方式配套不足、社会化物流水平不高、物流企业创新能力不足等。因此，推动社会化"第三方物流"的发展，改变工业企业"家家有仓库、户户有车队"的低效局面，提高企业物流的社会化、专业化、集约化、现代化水平，是未来发展的重要内容。

（二）协调

1. 发展现状

如何促进区域协调发展、缩小城乡差距、增强流通发展整体性，一直是我国流通产业发展的重要命题。当前国家重大区域发展战略频出，"一带一路"倡议、长江经济带建设、京津冀协同战略等的深入推进，成为带动中国经济区域协同发展的新动力，进而塑造新的区域经济发展格局。表现在流通领域内，区域协调发展日渐优化，城乡区域差距正在缩小，流通发展整体性不断增强。

（1）区域流通网络初步形成。

近年来，我国不断加强流通网络体系，流通企业数量不断增多，2015年全国限额以上批发和零售业法人企业达到18.31万家，限额以上住宿和餐饮业法人企业4.49万家，全国亿元以上商品交易市场数量达4952个。商贸物流网络布局加快从东部向中西部地区倾斜，从一线城市向二三线城市扩展，区域间的流通协调进一步优化。2015年，商务部出台《全国流通节点城市布局规划（2015—2020年）》，确定"三纵五横"全国骨干流通大通道，遴选出国家级流通节点城市37个，区域级流通节点城市66个，进一步推进全国流通网络协调发展。

区域市场一体化不断推进。围绕京津冀、长江经济带等国家区域战略，流通区域市场一体化持续推进，区域之间流通设施共建共享水平进一步提升。商务部出台《关于加快推进环渤海等11个主要商业功能区建设的实施意见》和《全国农产品市场体系发展规划》，推进打造环渤海、长三角、珠三角、中原、长江中游、成渝、关中—天水、滇黔桂、甘宁青、新疆、哈长 11 个主要商业功能区以及八大骨干市场集群（京津冀市场集群、长三角市场集群、东北市场集群、珠三角市场集群、中原市场集群、长江中游市场集群、成渝市场集群、陕甘宁市场集群），以进一步提升区域流通市场一体化水平。

消费市场层面，中西部地区流通消费处于领跑地位。国家西部大开发、中部崛起以及"一带一路"建设的推进，地区间居民收入差距日渐缩小，2012 年以来，西部地区居民人均可支配收入年均增速达到 10.3%，比中部、东部、东北地区分别高 0.4 个、0.9 个、1.8 个百分点；2016 年，东部与西部、中部与西部、东北地区与西部收入相对差距分别比 2012 年缩小 0.06 个、0.02 个、0.08 个百分点。不同区域之间的消费市场呈现出更加均衡协调的发展趋势。2015 年商务部重点监测零售企业，中部、西部地区销售额同比增速分别比东部高 1.2 个和 0.9 个百分点，中部、西部地区零售额占全国比重分别为 25.7% 和 18.4%，2013—2015 年，东部、中部、西部地区社会消费品零售总额年均增速分别为 11.3%、12.5% 和 12.3%，中部、西部地区分别比东部地区高 1.2 个和 1.0 个百分点。

（2）城乡流通发展差距缩小。

近年来，城乡地区发展差距不断缩小，农村居民收入增长速度快于城镇居民，按照城乡同口径人均可支配收入标准，2016 年城乡居民人均收入之比为 2.72∶1，较 2012 年下降 0.16。在流通领域，近年来围绕城乡统筹发展，加大了对农村流通设施的建设力度，城乡流通一体化体系建设不断向前推进。

以城乡统筹为出发点，加大了对从事城乡商贸流通企业的优惠力度，搭建了工业品和农资下乡村、农副产品和废旧物资进城的双向流通平台。近年来不断加强城乡商业网点的功能和布局，促进商务、供销、邮政等各方面资源整合，加快农村地区商业网点建设，加强对贫困地区、民族地区、边疆地区和革命老区市场建设的支持，构建了农产品进城、工业品下乡的双向流通网络，农村流通基础设施水平日渐提高。2016 年，农村地区快递网点覆盖率达到 80%，全年收发快件总量逾 80 亿件，直接服务农产品外销达 1000 亿元以上，三年之间网点覆盖率提高了 30%，快件收发量增加了 3 倍。为顺应互联网发展趋势，农村电子商务发展迅速。2015

年，国务院印发《关于促进农村电子商务加快发展的指导意见》（国办发〔2015〕78号），全面部署指导农村电子商务健康快速发展。商务部等19个部委联合发布《关于加快发展农村电子商务的意见》，从培育多元化电子商务市场主体、加强农村电商基础设施建设、营造农村电子商务发展环境等方面提出了10项举措。商务部相继发布《推进农业电子商务发展行动计划》《农村电子商务服务规范》和《农村电子商务工作指引》等文件，加快农村宽带基础设施建设，促进农村、农产品的电子商务应用，完善农产品电子商务标准规范和物流配送体系。2016年以来，农业部会同商务部等相关部门先后出台《农业电子商务试点方案》《"互联网＋"现代农业三年行动实施方案》等文件，大力推动鲜活农产品线上流通，发展农产品电子商务，促进农村居民收入增长。

2015年，商务部和财政部在全国256个县开展电子商务进农村综合示范，建设县级电商服务中心、村级电商服务点和乡镇电商服务站，加强大宗商品、县域特色产业和单品电商平台建设，推进农村电商全覆盖。商务部开通了全国农产品商务信息公共服务平台，累计促成农副产品销售 2300 多万吨，交易额达 870 多亿元。阿里巴巴、京东、苏宁等电商平台在农村建立电商服务站，各类农产品批发市场自建网络交易平台或利用第三方电子商务平台开展网上经营。根据农业部的数据，2016 年我国农产品网络零售交易额 2200 亿元，较 2015 年增长 46%，农村快递网点近 9.5 万个，淘宝村 1311 个，农产品电商平台近 4000 个，农村电子商务发展进入快车道。

农村消费市场发展迅速。随着农村居民收入和流通基础设施逐步完善，农村消费市场进一步扩大，农村消费增长速度快于城镇消费增长速度。2016 年农村消费品零售额 4.65 万亿元，同比增长 10.9%，城镇消费品零售额则同比增长 10.4%，农村消费品零售额占社会消费品零售总额比重持续提高，上升至 14.0%，比 2015 年增加 0.1 个百分点。

2. 存在的不足

区域发展不平衡一直是我国经济发展面临的重大挑战，现时我国流通产业正处于由粗放式发展向内涵式增长转变阶段，如何改善流通网络布局，促进城乡流通均衡发展，仍是推进区域协调的重要内容。

（1）流通设施区域发展存在差距。

虽然全国流通网络初步形成，但是不同区域城镇化水平不一样，发展历史不一样，区域之间的流通网络密度存在差异，东部地区流通网络设施水平高于中西部地区，中西部地区的商业网点、物流节点、流通基础设施发展相对滞后，东部地区相对来说有着更完善的流通网络、更高水平的基础设施和更具竞争力的流通主体。反映在商品流通领域，东部地区商品流通远比中西部地区商品流通活跃。以2016年快递业务为例，2016年东部、中部、西部地区快递业务量比重分别为80.9%、11.9%和7.2%，快递业务量收入比重分别为81.1%、10.7%和8.2%，快递业务量差距巨大，侧面反映出东部、中部、西部流通设施与流通能力差距巨大。

不仅如此，地方保护主义和传统观念使区域分割问题依然存在，区域之间、区域内部不同城市间的流通基础设施也缺乏统筹协调，城市间的机场、码头、仓储设施、会展平台、配送中心、物流园区等流通基础设施缺乏共建共享，造成盲目投资、重复建设、资源浪费等问题。城市间市场分割也使得一些流通技术和标准难以统一，各种要素难以自由流动和配置，统一的区域流通市场难以形成。不仅如此，在商品流通市场上，地方保护主义的存在使得区域市场商品流动受阻，省省之间，同一省内的市县之间、市市之间、县县之间存在不同程度的商品贸易障碍。如何打破区域分割、统筹规划网络布局、强化区域资源的共享协调、推进跨区域的流通设施建设、支持中西部落后地区流通产业发展、促进区域流通产业的均衡发展是推进流通产业发展的重要命题。

（2）城乡分割的流通局面依然存在。

城乡之间经济发展的不平衡也使得城乡之间内贸流通体系存在差距，在流通设施、流通网络布局、流通效率、消费水平等方面，农村相对滞后于城市。商业网络、物流设施等大多集中在城市，农村流通设施建设不足，农产品流通"最后一公里"问题严峻，且流通现代化、信息化、专业化发展水平不高，电子商务、物流配送、冷链物流设施等刚刚起步。相对于不断增长的农村消费需求来说，现有流通设施既难以满足农村居民基本生活需求，也使农村地区农产品难以顺畅流入市场，城乡分割流通局面依然存在，制约了流通产业健康发展。因此，未来如何扩大流通节点和网络在农村地区的覆盖面，支持农村电子商务、物流配送等现代流通设施建设，建立城市和农村之间产品双向流通体系，促进城乡之间要素有效流动，是促进流通产业健康发展的重要手段，也是缩小城乡之间发展差距的重要内容。

（三）绿色

"绿色"是"十三五"时期我国经济社会发展的基本战略，也是"十三五"时期流通产业发展的基本要求，构建低碳绿色流通体系，建立资源节约、环境友好的流通产业，对于促进经济健康可持续发展有着极为关键的意义。

1. 发展现状

近年来，流通产业贯彻绿色发展理念，引导绿色消费，推动流通产业低碳绿色化发展，构建绿色低碳流通体系。

（1）绿色流通体系初步建立。

2014年商务部下发《商务部关于大力发展绿色流通的指导意见》《关于组织开展低碳节能绿色流通行动

的通知》（商办流通函〔2014〕803 号），2016 年会同相关部委发布《关于推进再生资源回收行业转型升级的意见》（商流通函〔2016〕206 号）、《关于促进绿色消费的指导意见》（发改环资〔2016〕353 号），在流通领域贯彻绿色理念，以节约资源能源、降低消耗为核心，推广绿色采购、绿色节能技术，推行绿色包装和绿色物流，培育创建绿色商场、绿色市场、绿色供应链和绿色饭店，开展低碳节能绿色流通宣传活动，引导绿色生产，促进绿色消费，打造绿色供应链，推进流通产业绿色、循环、低碳发展。

第一，打造绿色供应链。编制、发布《企业绿色采购指南》，出台《推进快递业绿色包装工作实施方案》《关于加快我国包装产业转型发展的指导意见》等政策；流通企业借助展会、实体店、网店及互联网平台采购绿色、低碳产品，优先采购环境友好、节能低耗和易于资源综合利用的原材料、产品和服务，引导生产企业低碳化生产，限制和拒绝高耗能、高污染、过度包装产品，打造绿色低碳供应链；开设绿色产品专柜、专区等多种形式，展示、推销、宣传有节能标识和获得低碳认证的节能减排产品，在绿色化、减量化、可循环等方面产生了积极的效果。

第二，创建绿色流通企业。1999 年以来，我国开始实施以"提倡绿色消费、培育绿色市场、开辟绿色通道"为主要内容的"三绿工程"。商务部会同交通运输部、食品药品监管总局等部门，先后制定了《超市节能规范》《废弃物处理规范》《绿色商场》等多项行业标准，推进绿色市场、绿色商场、绿色饭店、绿色物流等建设。截至 2014 年，全国共培育绿色市场试点和示范单位 4000 多家；引导商品交易市场按照国家有关要求和标准，对场地环境以及照明、空调等关键设备设施进行升级改造，通过国家认证的绿色市场达 552 家；完善绿色饭店能源体系建设，健全节能标准和制度，引导和推动大众化餐饮和经济型饭店发展，鼓励饭店采用中水系统、变频装置、节能锅炉、节能中央空调、绿色照明等设备；加大绿色物流装备、技术、仓储等设施的推广使用力度，仓储企业在仓库选址、规划、设计、建造和使用过程中，使用节能型建筑材料、产品和设备；引导一批商贸物流园区向绿色物流功能区转型，加大分布式光伏发电、冷链技术的应用推广；制定《建设节约型餐饮企业规范（SB/T 11046—2013）》标准，引导建设节约型餐饮企业。2016 年 5 月，商务部启动绿色商场创建工作，通过设定标准、国家认证的方式创建了一批集门店节能改造、节能产品销售、废弃物回收于一体的绿色商场，实现建筑、照明、空调、电梯、冷藏等耗能关键领域的技术改造和能源管理。此外，鼓励采用屋顶、墙壁光伏发电等节能设备和技术引导大型流通企业节能降耗。

（2）节能减排卓有成效。

积极推动流通企业节能改造，加强流通节能减排。商务部门持续推进绿色产品和技术认证，开展流通领域节能状况调查，组织编制《企业绿色采购指南》《流通业能源管理体系指引》《中国零售业节能环保绿皮书》和《流通领域节能环保产品/技术指导目录》，积极推动流通领域实行节能产品和技术认证。

通过制定流通领域节能节水和环保技术、产品、设备推广目录，引导流通企业做好建筑、照明、空调、电梯、冷藏等耗能关键领域的技术改造和能源管理，加强企业用水、用电等耗能管理，实现达标排放和低碳排放。在商务部指导下，2015 年中国仓储协会开展了"中国绿色仓储与配送行动计划"，发布了《中国绿色仓储与配送技术与设备推荐目录（第一批）》，绿色物流技术和装备已经成为不少企业采购、招标的重要参考指标。

从数据上看，流通产业能耗逐年下降。批发零售和住宿餐饮业，交通运输、仓储和邮政业每万元产值能源消耗总量呈现逐年下降趋势，2006 年分别为 0.249 吨标准煤/万元产值和 1.665 吨标准煤/万元产值，到 2015 年分别下降至 0.146 吨标准煤/万元产值和 1.257 吨标准煤/万元产值，特别是批发零售和住宿餐饮业的能源消耗标准远低于全国平均水平（2015 年全国各行业平均为 0.624 吨标准煤/万元产值）。

在煤炭消费、电力消费等方面，内贸流通产业每万元产值的消费量也大致呈现下降趋势。批发零售和住宿餐饮业每万元产值煤炭消费总量从 2006 年的 0.084 吨下降至 2015 年的 0.049 吨，交通运输、仓储和邮政业每万元产值煤炭消费总量从 2006 年的 0.063 吨下降至 2015 年的 0.016 吨；批发零售和住宿餐饮业每万元产值电力消费总量从 2006 年的 397.335 千瓦时下降至 2015 年的 270.874 千瓦时，交通运输、仓储和邮政业每万元产值电力消费总量从 2006 年的

383.521 千瓦时下降至 2015 年的 369.200 千瓦时（见表 2 - 3）。

（3）资源回收体系初步形成。

围绕节约资源、提高资源利用效率的目标，不断推进再生资源回收体系建设，鼓励"新商品—二手商品—废弃商品"循环流通的新型发展方式，促进商贸流通网络与逆向物流体系建立，形成废弃商品后，经消费端回到供应端包括废物回收、再制造再加工、报废处理等。

2006 年，商务部会同相关部门开展了以回收站点、分拣中心和集散市场建设为核心的"三位一体"回收体系试点，再生资源回收网络体系初现雏形。2015 年，商务部与国家发展和改革委员会等部门联合下发《再生资源回收体系建设中长期规划（2015—2020 年）》（商流通发〔2015〕21 号），对再生资源回收体系建设提出了新的目标和发展方向，对加快建立城乡一体化的再生资源回收网络体系进行规划指导。

表 2-3　　　2006—2015 年流通产业能耗数据

年份		2006	2007	2008	2009	2010	2011	2012	2013	2014	2015
每万元产值能源消费总量（吨标准煤/万元产值）	各行业平均	1.305	1.152	1.003	0.963	0.873	0.791	0.744	0.700	0.661	0.624
	批发零售和住宿餐饮业	0.249	0.215	0.175	0.178	0.157	0.149	0.144	0.159	0.148	0.146
	交通运输、仓储和邮政业	1.665	1.504	1.400	1.434	1.388	1.306	1.327	1.337	1.275	1.257
每万元产值煤炭消费总量（吨/万元产值）	各行业平均	1.162	1.009	0.880	0.847	0.756	0.701	0.653	0.713	0.639	0.576
	批发零售和住宿餐饮业	0.084	0.071	0.055	0.055	0.045	0.042	0.040	0.060	0.051	0.049
	交通运输、仓储和邮政业	0.063	0.050	0.041	0.039	0.034	0.030	0.026	0.024	0.020	0.016
每万元产值电力消费总量（千瓦时/万元产值）	各行业平均	1302.778	1210.507	1081.054	1060.845	1015.288	960.573	920.904	910.608	875.558	842.026
	批发零售和住宿餐饮业	397.335	351.062	310.210	316.134	296.219	287.418	284.917	282.186	271.208	270.874
	交通运输、仓储和邮政业	383.521	364.195	349.361	373.438	391.049	388.435	385.205	384.338	371.651	369.200

资料来源：根据国家统计局网站数据计算。

经过十余年的发展，我国资源回收体系已经初步形成，再生资源回收率和利用率明显提高。根据《中国再生资源回收行业发展报告 2017（摘要）》数据，截至 2016 年底，我国再生资源回收企业 10 万多家，回收行业从业人员 1500 多万人，废钢铁、废有色金属、废塑料、废纸、废轮胎、废弃电器电子产品、报废汽车、废旧纺织品、废玻璃、废电池十大类别的再生资源回收总量约为 2.56 亿吨，同比增长 3.7%（见表 2 - 4）。

（4）大力推进绿色消费宣传。

2016 年 3 月，商务部、国家发展和改革委员会等十部门联合下发《关于促进绿色消费的指导意见》（发改环资〔2016〕353 号），鼓励消费者培养绿色消费意识，养成绿色生活方式。商务部还会同国家发展和改革委员会等有关部门，利用全国节能宣传周、中国国际绿色创新技术产品展等活动，倡导绿色低碳、环保健康、循环利用的生产生活方式，提高民众节能环保意识。各流通企业利用流通场所的宣传阵地，开展"限塑"、抑制过度包装等绿色宣传行动，宣传垃圾分类知识，提高废弃物回收利用率，引导消费方式变革，倡导崇尚节俭、科学消费、绿色消费的生活方式。

表 2 - 4　2015—2016 年我国主要再生资源类别回收利用表

序号	名称		单位	2015 年	2016 年	同比增长（%）
1	废钢铁		万吨	14380	15130	5.2
	大型钢铁企业		万吨	8330	9010	8.2
	其他行业		万吨	6050	6120	1.2
2	废有色金属		万吨	876	937	7.0
3	废塑料		万吨	1800	1878	4.3
4	废纸		万吨	4832	4963	2.7
5	废轮胎		万吨	501.6	504.8	0.6
	翻新		万吨	28.6	28.8	0.7
	再利用		万吨	473	476	0.6
6	废弃电器电子产品	数量	万台	15274	16055	5.1
		重量	万吨	348	366	5.2
7	报废汽车	数量	万辆	277.5	300.6	8.3
		重量	万吨	871.9	721.3	-17.3
8	废旧纺织品		万吨	260	270	3.8
9	废玻璃		万吨	850	860	1.2
10	废电池（铅酸除外）		万吨	10	12	20.0
11	合计（重量）		万吨	24729.5	25642.1	3.7

资料来源：《中国再生资源回收行业发展报告 2017（摘要）》，商务部官网。

2. 存在的不足

（1）追求经济效益，绿色理念不强。

在理念意识上，大部分流通企业在经济利润导向下，仍然注重追求经济效益，绿色环保理念意识不强，由于在政策层面缺乏对企业环保技术投入和改造的激励机制，缺乏对流通企业碳排放的考核计量方法，使得企业的绿色行动参与意识不强。特别是对现时流通企业来说，大部分企业实力不强，有些处于传统的生产方式之中，推进这些流通企业的绿色低碳化改造，建立起更加正向的激励机制，是未来流通产业低碳化发展的关键。

（2）绿色技术水平相对较低。

囿于自身实力，目前我国流通企业绿色低碳技术研发投入不足，绿色技术水平相对较低，绿色循环的技术标准化程度不高，而且现有节能、环保、低碳技术在流通领域内推广范围有限，使得流通企业的资源利用效率较低。

（四）开 放

"开放"是"十三五"时期我国流通产业发展的基本途径。顺应内外贸发展新形势，建设统一、开放、竞争、平等、有序的全国大市场，实施全方位对外开放，推进内外贸融合，更好利用两个市场、两种资源，是新时期流通产业发展的重要内容。

1. 发展现状

（1）国内统一开放市场环境日益向好。

近年来，商务部借助全国整顿和规范市场经济秩序部际联席会议机制，会同有关部门着力推动统一开放、竞争有序的市场体系建设，推进各类要素资源的自由流动。第一，大力清除妨碍市场公平竞争的法律法规。商务部等五部门联合发文，集中清理地方各级政府有关地区市场封锁的相关规定，修改、废止涉及地区封锁的规章和规范性文件。第二，取消滥用行政权力限制竞争的行为。国家工商行政管理总局取消对供水、供电、供气、电信、有线电视、教育、气象管理等行业的各种限制竞争行为，公安部也加强了明察暗访，严禁乱罚款、乱收费，严禁阻碍、限制外地货物运输车辆进出。第三，规范企业税收优惠、跨地区纳税等税费政策。国家税务总局出台《跨地区经营汇总纳税企业所得税征收管理办法》，北京、上海等地也相继出台了支持连锁企业跨区域发展的政策，为流通企业跨区域经营、建立相对统一的市场税收体系提供了政策保障。总体上看，国内市场体系环境日益向好，统一开放市场日渐形成。

（2）流通产业国际化程度进一步提升。

国际金融危机以后，世界政治经济环境不断演变，一个更加开放、多元、均衡的全球新格局日渐形成。为适应新的对外开放经济形势，我国流通产业国际化进程加快，国际物流园区、跨境电商等发展迅速，流通产业的内外贸融合趋势持续推进。

第一，流通产业开放度日渐提高。自我国加入WTO之后，流通产业逐渐对外开放，特别是2004年4月，商务部颁布了《外商投资商业领域管理办法》，进一步取消外商投资商业企业在申请资格、经营范围、地域范围和企业设立方式等方面的限制。目前流通领域外资准入限制日渐放开，鼓励外资投向共同配送、连锁配送以及鲜活农产品配送等现代物流服务领域，鼓励跨国公司在华设立采购、营销等功能性区域中心，越来越多外国资本进入流通产业，中外商投资企业数和投资额逐年增加，流通产业逐渐成为吸引外商投资的重要领域。

流通产业外商投资企业数量逐年增多。批发和零售业外商投资企业数从2006年的15786家增加至2015年的 109833 家，外商投资企业数所占比例也从 4.2% 增长至 22.8%；相应地，交通运输、仓储和邮政业外商投资数量也有小幅增加。与外商签订的直接投资项目数增加明显。批发和零售业与外商签订的直接投资项目数从 2006 年的 4664 个增加到 2015 年的 9156 个，所占比例也从 11.2% 增长到 34.5%。批发和零售业外商投资企业投资总额 2015 年也达到 3083.98 亿美元，实际利用外商直接投资额达到 1202.31 亿美元，占全国总额的比例分别为 6.8% 和 9.5%，批发和零售业成为吸引外商投资的重要产业（见表 2-5 至表 2-8）。

第二，流通企业"走出去"步伐加快。越来越多流通企业实施"走出去"战略，通过新建、并购、参股、增资等方式建立海外分销中心、展示中心等实现海外投资，流通产业成为中国对外直接投资的重要领域之一。

2015 年，中国企业共实施对外投资并购项目 579 起，其中批发和零售业海外并购 81 起，交通运输、仓储和邮政业海外并购 11 起，两者合计占对外投资并购总数的比例达 15.9%，流通产业成为对外投资的重要领域。从对外投资金额来看，流通产业也是对外直接投

表 2－5　　2006—2015 年外商投资企业数

年份	2006	2007	2008	2009	2010	2011	2013	2014	2015
外商投资企业（家）	376711	406442	434937	434248	445244	446487	445962	460699	481179
交通运输、仓储和邮政业外商投资企业（家）	4743	5149	10106	10605	10577	10494	11337	11390	11791
批发和零售业外商投资企业（家）	15786	19968	50358	56388	64291	73163	91146	100565	109833
交通运输、仓储和邮政业外商投资企业占比（%）	1.30	1.30	2.30	2.40	2.40	2.40	2.54	2.47	2.45
批发和零售业外商投资企业占比（%）	4.20	4.90	11.60	13.00	14.40	16.40	20.44	21.83	22.83

资料来源：国家统计局网站。

表2-6　2006—2015年签订外商直接投资项目

年份	2006	2007	2008	2009	2010	2011	2012	2013	2014	2015
签订外商直接投资项目数（个）	41473	37871	27514	23435	27406	27712	24925	22773	23778	26575
交通运输、仓储和邮政业签订外商直接投资项目数（个）	665	658	523	395	396	413	397	401	376	449
占比（%）	1.6	1.7	1.9	1.7	1.4	1.5	1.60	1.80	1.60	1.69
批发和零售业签订外商直接投资项目数（个）	4664	6338	5854	5100	6786	7259	7029	7349	7978	9156
占比（%）	11.2	16.7	21.3	21.8	24.8	26.2	28.20	32.30	33.60	34.45

资料来源：国家统计局网站。

表2-7　　2006—2015年外商投资总额

单位：百万美元，%

年份	2006	2007	2008	2009	2010	2011	2013	2014	2015
外商投资企业投资总额	1707600	2108800	2324130	2500000	2705931	2993124	3517608	3797728	4539020
交通运输、仓储和邮政业外商投资企业投资总额	57200	67913.98	77361.41	84293.52	90700	107836.3	131875.7	137500.9	159258.3
占比	3.30	3.20	3.30	3.40	3.40	3.60	3.75	3.62	3.51
批发和零售业外商投资企业投资总额	37800	52447.77	73962.97	83703.75	103200	129514	196207.8	236797.2	308397.5
占比	2.20	2.50	3.20	3.30	3.80	4.30	5.58	6.24	6.80

资料来源：国家统计局网站。

表 2-8　2006—2015 年实际利用外商直接投资金额

单位：百万美元，%

年份	2006	2007	2008	2009	2010	2011	2012	2013	2014	2015
实际利用外商直接投资金额	6302100	6302100	9239500	9003300	10573500	11601100	11171600	11758600	11956156	12626700
交通运输、仓储和邮政业实际利用外商直接投资金额	198485	198485	285131	252728	224373	319079	347376	421738	445559	418607
批发和零售业实际利用外商直接投资金额	178941	178941	443297	538980	659566	842455	946187	1151099	946340	1202313
交通运输、仓储和邮政业实际利用外商直接投资金额所占比例	3.10	3.10	3.10	2.80	2.10	2.80	3.11	3.59	3.73	3.32
批发和零售业实际利用外商直接投资金额所占比例	2.80	2.80	4.80	6.00	6.20	7.30	8.47	9.79	7.92	9.52

资料来源：国家统计局网站。

资的重要产业。批发和零售业对外直接投资流量（投资净额）从 2006 年的 111391 万美元增长至 2015 年的 1921785 万美元，占对外直接投资总额的比例也从 2006 年的 5.3% 上升至 2015 年的 13.2%，居所有行业第四位，仅次于租赁和商务服务业、金融业、制造业。对外直接投资存量方面（投资累计净额），2015 年批发和零售业为 12194086 万美元，占总存量比例达 11.1%，居所有行业第四位。与此同时，交通运输、仓储和邮政业的投资净额占总投资额的比例 2015 年也达 1.9%，是中国企业对外投资的重要行业（见表 2-9 至表 2-11）。随着中国积极加入服务贸易协定（TISA）谈判，相继与冰岛、瑞士、韩国、澳大利亚等国家签订自由贸易协定，并稳步推进中美投资协定和中欧投资协定谈判，流通产业作为服务业对外投资的重要领域，其对外投资将由以贸易公司和单个零售企业海外开店为主逐步转向大规模流通企业海外直接投资阶段。

第三，内外贸融合平台深入推进，跨境电商和国际物流园区等新型流通合作形式发展迅速。随着国家"一带一路"建设实施，以上海自贸区为代表的自由贸易区建设加快，在沿海、沿边和内陆全面开放格局下，内外贸融合流通网络持续推进，一批与国际接轨的商品交易市场，以及连接国际国内市场的跨境贸易电子商务综合服务平台逐渐发展起来，跨境电子商务发展迅速。

表 2-9　　　　　　2015 年中国对外投资企业数量

行业	境外企业数量（家）	境外企业数量占比（%）	并购投资项目数量（起）	并购投资项目金额（亿美元）	并购投资项目金额占比（%）
批发和零售业	9073	29.4	81	26.6	4.9
交通运输、仓储和邮政业	839	2.9	11	16.1	3.0
合计	30814	—	579	544.4	—

资料来源：《2015 年度中国对外直接投资统计公报》。

国务院办公厅于 2012 年印发《关于实施支持跨境电子商务零售出口有关政策的意见》、2015 年出台《关于促进跨境电子商务健康快速发展的指导意见》，财政部联合海关总署和国家税务总局于 2016 年下发《跨境电子商务零售进口税收政策的通知》，大力促进跨境电子商务发展。在政策实施方面，2012 年国家发展和改革委员会与海关总署批准郑州进行跨境电商服务试点，2015 年上海、重庆、杭州、宁波、郑州、广州、深圳、苏州、平潭和天津等地相继成为跨境电商服务的试点城市；同年 3 月，国务院决定设立中国（杭州）跨境电

表 2 - 10　　　　2006—2015 年对外直接投资流量（投资净额）

年份	2006	2007	2008	2009	2010	2011	2012	2013	2014	2015
交通运输、仓储和邮政业（万美元）	137639	406548	265574	206752	565545	256392	298814	330723	417472	272682
占比（%）	6.5	15.3	4.8	3.7	8.2	3.4	3.4	3.1	3.4	1.87
批发和零售业（万美元）	111391	660418	651413	613575	672878	1032412	1304854	1464682	1829071	1921785
占比（%）	5.3	24.9	11.7	10.9	9.8	13.8	14.9	13.6	14.9	13.19

资料来源：国家统计局网站。

表 2 - 11　　　2006—2015 年对外直接投资存量行业（投资累计净额）

年份	2006	2007	2008	2009	2010	2011	2012	2013	2014	2015
交通运输、仓储和邮政业（万美元）	756819	1205904	1452002	1663133	2318780	2526131	2922653	3222778	3468163	3990552
占比（%）	8.4	10.2	7.9	6.8	7.3	5.9	5.5	4.9	3.93	3.63
批发和零售业（万美元）	1295520	2023288	2985866	3569499	4200645	4909363	6821188	8764768	10295680	12194086
占比（%）	14.3	17.2	16.2	14.5	13.2	11.6	12.8	13.3	11.7	11.1

资料来源：国家统计局网站。

子商务综合试验区；2016年1月，国务院再次确定在宁波、天津、上海、重庆、合肥、郑州、广州、成都、大连、青岛、深圳、苏州12个城市新设一批跨境电子商务综合试验区。跨境电商业态多样，天猫国际、苏宁易购、京东海外购、洋码头等国内零售电商加大力度投入跨境电商业务，顺丰、韵达、圆通等快递公司也涉水跨境电商业务。根据中国电子商务研究中心数据，2016年，我国跨境电商交易规模达到6.7万亿元，同比增长24%。其中，出口电商交易额5.5万亿元，同比增长22.2%；进口电商交易额1.2万亿元，同比增长33.3%；跨境电商企业超过20万家，跨境网购用户规模超过4000万。[①]

一批布局合理、功能完善、管理规范、辐射面广的内外贸综合市场加快建设，拓展了国内商品市场对外贸易功能。以义乌国际小商品市场为例，作为内外贸一体化市场，通过有形市场与无形市场融合发展、国内贸易与国际贸易统筹协调推进，2015年出口额高达338.6亿美元，同比名义增速达到42.82%，占浙江省对外出

---

① 《2016年度中国电子商务市场数据监测报告》。

口总额的 12%。

2. 存在的不足

（1）国内统一开放市场有待完善。

尽管我国一直致力于建设国内统一市场，但地方保护主义依然严重，行政垄断、地区封锁较为普遍，区域市场受到人为阻断，省际市场分割问题依然存在，许多地方政府设置了各种关卡壁垒，存在妨碍公平竞争、排斥外地产品进入本地市场的各种规定，或者对外地产品增收一些额外费用，使统一市场受到行政阻隔，总体上全国市场壁垒仍然较高，全国统一市场建设仍面临较大问题。樊纲等对中国市场化指数进行了研究，2005 年至 2007 年我国在减少商品市场上地方保护方面的指标分别为 9.72、10.42、10.62[①]；根据其最新研究，2014 年我国各省市区在减少商品市场上地方保护方面的指标平均分为 8.26 分[②]，依然处于较低的水平，地方保护的投诉案件仍然在持续上升，商品进入障碍依然

[①] 樊纲等：《中国市场化指数》，经济科学出版社 2010 年版。
[②] 王小鲁、樊纲等：《中国分省份市场化指数报告（2016）》，社会科学文献出版社 2017 年版。

存在。

地方垄断和行政干预的存在，使国内统一市场被人为切割，分销渠道被行政划定的边界阻断压抑，被种种行政隶属关系封闭禁锢，分销渠道被切割、难成体系，产供销辐射半径被大大压缩，商品很难无障碍高效流动，导致市场化、横向性、有实力的商业企业面临诸多发展障碍，严重弱化了市场资源配置效能，"大市场，大流通"市场体系始终难以形成，增加了巨大的额外交易成本即体制性成本。如因市场壁垒所发生的额外成本，因自主经营受到干扰、不当干预所发生的额外成本，因竞争不公平不充分、不平等交换所发生的额外成本，因消费者自主选择受到阻碍所发生的额外成本，因商品和要素无法自由流动所发生的额外成本，因商业欺诈、诚信缺失所发生的额外防范成本。而高额体制性成本推高了商品价格，增加了城乡居民负担，推高了经济运行成本。如何完善现代市场体系，进一步消除人为的市场分割，建立统一市场，已成为市场化改革的紧迫任务①。

---

① 宋则：《推进国内贸易流通体制改革建设法治化营商环境》，《中国流通经济》2014 年第 1 期。

不仅如此，目前各地区市场的产品检验检测标准体系也不一致，企业跨区域连锁经营税收政策不统一，影响到企业实行跨地区经营；区域之间合作协调机制的缺乏、各类地域性政策的存在，使得人才、资金等资源无法在区域之间自由流转。所有这些都表明我国亟待打造统一、开放、竞争、有序的市场环境，加强全国统一市场建设、降低流通成本仍然是流通领域践行开放理念的基本要求。

（2）流通产业的国际化面临新挑战。

第一，外商投资企业进入自我调整和局部收缩阶段。外资零售企业开店数量出现下滑，2016年7个主要外资零售企业新开店数合计76家，较上年减少13家，其中家乐福仅新开5家门店，新开门店数量大幅减少（见表2-12）。

第二，整体上流通产业对外开放水平仍然不高。如何进一步完善外商投资商贸物流领域的法律法规，放开外资准入限制，落实第三方物流、物流配送中心、专业批发市场、仓储设施等领域的对外开放政策，推进国内物流企业与国际先进物流企业的合作，成为下一步流通产业对外开放的新问题。

表 2 - 12　　　　2013—2016 年主要外商零售企业
开设新店数量　　　　单位：家

年份	2013	2014	2015	2016
沃尔玛	30	25	23	24
大润发	45	40	31	31
家乐福	20	9	17	5
乐天玛特	11	4	1	—
卜蜂莲花	5	4	5	3
麦德龙	12	6	4	9
欧尚	4	9	8	4

资料来源：根据联商网相关数据整理。

第三，国内流通企业"走出去"面临困难，如何更好提高流通企业对外投资的成功率，找到新的合适的对外投资的方式、领域，改变原有的管理和输出模式，是推进流通产业"走出去"的重要一环。

第四，国内仍然缺乏产业链整合能力强、具有国际竞争力的大型流通企业集团。流通产业发展的关键在于品牌和渠道，目前我国流通领域缺乏自主品牌和自主渠道，难以参与到全球价值链和供应链竞争中。未来需要进一步推动中国流通企业"走出去"，创建自主品牌，建立自主渠道，掌控价格主导权和分销能力，获取国际供应链分工利益。

（五）共享

共享是全面建设小康社会的必然要求，也是"十三五"时期我国内贸流通发展的基本目标。近年来，流通领域积极推进供给侧结构性改革，不断创造新供给，丰富供给层次，提高供给水平，特别是在新兴的消费领域，为国民提供更多的商品和服务，满足不同收入阶层、不同年龄阶段和不同消费偏好人群的需求。

1. 发展现状

（1）基本流通服务供给持续增加。

流通产业是与社会居民生活密切相关的行业，在很多方面承担满足人们基本生活需要的社会功能，居民日常生活与基础性流通服务密切相关。近年来，流通产业加快发展，居民生活流通服务供给持续增加，为城乡居民基本生活需求提供保障，使社会大众能够获得基本流通服务。

一方面，加强了农产品批发市场建设力度，强化了"菜篮子"市长负责制，将农产品市场建设纳入了考核机制，积极落实各类市场建设的优惠政策，建立农产品供应保障机制。另一方面，在城镇化过程中，注重将商贸业用地纳入农村社区建设的统一规划，强化城市商业零售设施建设，优化社区商业网点、商业设施的布局和业态配置，加大社区菜市场、超市、便民菜店、平价商店、社区电商直通车等多种零售业态培育力度，注重商业业态多样性，设立餐饮、养老、家政、看护、资源回收点等多元的生活服务设施，满足居民基本生活需求。

（2）公益性市场建设持续推进。

为保障市场供应，稳定市场运行，为居民提供基本的商业服务，各级政府加大了公益性市场建设投入力度，一批公益性市场相继建成运行。

政府日益重视农产品市场等流通体系的建设，"流通公益性"出现在政府有关流通领域的各个文件和政策中。《国务院关于深化流通体制改革加快流通产业发展的意见》《国内贸易流通"十三五"发展规划》《关于进一步加强农产品市场体系建设的意见》等文件均强调"增加政府对具有公益性质的流通基础设施的投入，建设和改造一批具有公益性质的农产品批发市场、农贸市场、菜市场、社区菜店、农副产品平价商店以及重要商品储备设施、大型物流配送中心、农产品冷链物流设施等，增加政府对具有公益性质的流通基础设施的投入"，建设一批公益性的产地集配中心、田头市场、农产品批发市场和零售市场，建立不同层级、布局合理、便民惠民的公益性市场体系，以保障市场供应，稳定市场运行，长期稳定地为居民提供成本价或微利公共服务。

近年来，北京、浙江、重庆等 10 个地区推进公益性农产品批发市场建设试点，探索公益性市场建设和运营机制，采取改造补助、产权回购回租、公建配套等综合措施，将新建设的社区菜市场作为公益性配套设施纳入规划之中，强化公益性市场建设的政策保障。如上海政府通过回购、回租的方式获得农贸市场的股权，并重新委托市场方来管理，但对市场商贩在摊位费、税收等方面给予补贴，并要求市场菜价降低 10%—20%。北京市政府用财政资金入股北京新发地农产品批发市场，获得其 20% 股份，以能够为北京农产品市场的供给提供调控和保障。海口市政府投资 1155.32 万元在秀英区、龙华区、琼山区、美兰区建设了 4 个公益性蔬菜批发市场，且所建设的公益蔬菜批发市场免收进场费和摊位费。银川市政府建成 10 个公益性标准化菜市场、151 家社区蔬菜直销店，其中标准化菜市场采用由农产品流通骨干企业一体化经营统一管理的模式，投放政府储备菜（6 种菜品）和调控菜（10 种菜品），市场价格则执行政府调控指导价格，较市场平均零售价低大约 20%。

（3）新兴领域消费供给快速增长。

随着居民消费不断升级，近年来流通产业加大了新兴消费领域的供给力度，各级政府在新兴消费领域出台了一系列相关政策，改善消费环境，满足居民在新兴领域的消费需求。国务院办公厅相继下发《国务院关于促进信息消费扩大内需的若干意见》《关于加快发展体育产业促进体育消费的若干意见》《国务院关于加快发展养老服务业的若干意见》《关于加快发展生活性服务业促进消费结构升级的指导意见》《关于进一步促进旅游投资和消费的若干意见》《关于促进跨境电子商务健康快速发展的指导意见》等文件，完善养老、健康、教育、文化等服务消费的相关政策，加大文化消费、旅游消费、家政服务、信息消费等消费热点的培育力度。在上述政策措施支持下，新兴消费领域成长迅速，2016 年我国信息消费规模达 3.9 万亿元，同比增长 22%；

全国居民旅游消费4.66万亿元，人均旅游消费支出达到3406元，其中国内旅游总收入为3.9万亿元，同比增长12.5%；居民文化娱乐消费支出稳步增长，电影总票房达457.12亿元，动漫和游戏产业产值接近3000亿元。

与此同时，一系列完善消费环境政策不断出台，极大地改善了居民消费环境，消除了扩大消费的环境障碍，为满足居民需求提供了保障。如《国务院关于促进内贸流通健康发展的若干意见》《关于促进跨境电子商务健康快速发展的指导意见》提出加强现代流通设施建设，完善市场流通环境，发展现代流通方式和流通追溯体系，营造法治化营商环境，有助于改善消费渠道和环境，为居民消费创造放心、规范、便利的市场环境。《社会信用体系建设规划纲要（2014—2020年)》的出台，则能够进一步促进社会信用体系建设，为扩大信用消费提供了政策支持。新修订的《中华人民共和国食品安全法》和《消费者权益保护法》的相继施行、《网络交易管理办法》的公布、《工商行政管理部门处理消费者投诉办法》和《侵害消费者权益行为处罚办法》等一系列市场规范文件的出台，都将有效地规范市场消费秩序，强化市场产品质量监管，加强消费者信息安全保护，打击消费者侵权行为，最大限度地维护消费者合法权益，令消费者能够安心消费，为满足居民的消费需求提供了政策保障。

2. 存在的不足

（1）商业服务供给不足。

随着居民需求不断增长，总体上看，我国商业服务有效供给不足与日益增长的居民需求之间的矛盾日益凸显。各地在城镇化进程中，一些商业网点因地价上涨导致租金过高而被改造，而商业网点布局没有跟上，网点数量的供给不足，难以为居民提供便利、高效的商业服务。不仅如此，较高的流通成本，也使得商品供给成本居高不下，而产品质量、安全和消费环境方面的不足也抑制了居民需求。如何进一步扩大商业服务供给，提高流通服务水平，满足居民消费需求，是未来内贸流通业发展面临的关键问题。

（2）多样化需求没有得到满足。

随着居民收入持续增加，消费需求不断升级，我国正从大众化需求向多样化、个性化转变，从以往以吃住行为主的生存型向以服务消费为主的发展型转变，更加关注消费的品质和文化内涵，追求个性体验，注重健康、时尚、环保的可持续消费理念，要求有更好的质量、更安全舒适的消费环境，而以往的商业服务供给更多面向大众需求，在新兴的领域供给不足，难以满足具有差异化、个性化特征的居民需求。未来如何适应居民消费升级需求，提供更多新兴领域多样化的产品和服务，是流通产业的主要着力点。

（3）小微企业成长不足。

对居民来说，其生活需求的满足很多时候依赖的不是大的流通企业，而是许多小微流通企业。这些多样化的小微流通企业对于满足居民需求、实现共享目标至关重要。现实中，受制于体制机制以及整体经济环境等因素，小微企业面临着融资难、成本高等发展困境。因此，未来如何培育和支持小微流通企业的发展，是实现流通产业共享目标的重要内容。

（4）流通产业基础设施发展不足。

过往在市场观念导引下，片面强调流通产业的市场性，而忽视了其间接影响力的公益性贡献，因而对流通业财政投入力度不足。尽管近年来各级政府开始转变理念，加大流通产业公益性建设投入，但相对来说，我国流通产业设施仍略显不足，难以为社会提供有效的商业服务，也难以支撑流通产业"共享"的基本目标。例如，城市和农村的基层商业服务设施相对不足，当前我国社区商业网点面积仅占社区总建筑面积的7%，但是发达国家这一比例大致在15%以上；农产品公益市场建设也相对滞后，缺乏一些大型的公益性批发市场作为保障供应、稳定市场的稳定器；冷链物流、冷库、农产品可追溯体系设施的不足制约了流通产业发展水平的提高，使居民难以享受到优质的流通服务。流通领域基础设施公益性不足使当前农产品市场中出现了流通成本高、市场价格波动频繁、农产品质量安全等问题。未来，应进一步加大对流通领域的财政投入力度，强化流通产业的公益性色彩，以满足居民的基本民生需求，更好地体现流通产业"共享"的目标。

三 流通产业践行新理念效果评价

在贯彻实施五大发展理念的过程中，流通产业要在新时期发挥"经济转型发展的新引擎、资源优化配置的新动力、大众创业就业的新平台、生态文明建设的新领域、传播优秀文化的新载体"五大新功能，这是对行业践行新理念所提出的发展要求，同时也与流通产业自我提升和完善的目标相一致。为了更加直观地体现流通产业贯彻五大新理念、发挥五大新功能的程度和效果，需要对其中的评价与衡量方式加以研究。本章将首先提出评价衡量的基本思路；其次针对五大功能分别阐述具体的评价方法与衡量指标；最后结合当前发展现状和存在的主要问题，给出其中核心部分的初步评价结果。

（一）基本思路

1. 过程评价与结果衡量相结合

评价或衡量流通产业在经济转型发展、资源优化配置、大众创业就业、生态文明建设和传播优秀文化等方面发挥的新功能，应当从过程和结果两个方面入手。其中，对过程的评价侧重于流通产业践行新理念发挥作用的机制是否建立，对结果的评价侧重于这种作用机制的实际效果如何。评价本身不是目的，关键在于通过评价促进流通产业新功能的发挥，因而过程与结果两方面必须相辅相成。只强调过程的评价方法会引发大量无序、低效的资源投入，只看重结果的评价方式则容易忽视流通环节所扮演的角色。

2. 宏观表现与微观特征相结合

流通产业作为我国"改革开放最早、市场化程度最高"的领域之一，其运行与发展必然遵循开放市场经济的基本规律。流通产业要在践行新理念的过程中发挥新功能，也必然需要依托市场机制的作用。采取宏观与微观相结合的方式，是目前考察市场经济运行的一般思路。从宏观角度分析流通产业作用的发挥，主要侧重于产业运行与全国整体表现之间的关系，如经济增长、物价水平、劳动就业等；而从微观视角入手，其目的是要了解流通产业发挥作用的具体路径、机制和方式，如资源优化配置的表现、地区间价格联动的实现以及创造就业机会的领域等。

3. 横向比较与动态分析相结合

不同地域情况纷繁复杂与地区间经济发展不平衡是我国的基本国情，因而在评价流通产业功能发挥的过程中，需要将横向的地区间比较与纵向的动态分析结合起来。前者侧重于分析结构特征，后者侧重于把握发展方向。通过考察地区间差异，可以了解市场自发作用的局限性，明确流通产业在实现均衡发展、成果共享方面能够达到的潜在要求；通过动态分析，能够把握总体的变化趋势，评价流通产业发挥新功能的导向、目标是否实现。

4. 定量方式与定性方式相结合

流通产业涵盖范围广、内容多，在发挥新功能的过程中，会涉及诸多直接或间接、长期或短期、显性或隐性的作用方式、实现路径和最终效果。受目前统计制度与数据发布的现实条件限制，单纯使用定量评价方法难以全面反映上述内容，因而需要采取定量与定性相结合的方式。定量方法更加强调客观性和抽象性，可以通过数据分析与指标设计，反映被衡量内容的发展变化特征，并且更易于实现相互比较；定性方法则更加强调具体化和完整性，可以采取辩证思维，对被评价内容的优点、缺点加以归纳和总结。

（二）效果评价

1. 流通产业推动经济转型发展效果评价

"经济转型发展"的内涵十分丰富，包括增长动力由主要依靠投资和出口转向投资、出口、消费并重，发展方式由粗放型转为集约型，发展结构由失衡型转为均衡型等。

流通产业作为生产和消费的联结，其直接作用在于发挥国内大市场应有的作用，推动制造业供给能力的改善与结构的优化，进而促进经济增长动力转型等。改革开放以来，我国逐渐融入世界市场，制造业生产能力取得了巨大的发展。在较长的一段时间里，以"三来一补"、出口导向为特征的生产驱动方式，使外贸在我国经济增长结构中的作用越来越突出；相较而言，对本国市场消费群体的把握尤显不足。特别是 2008 年全球经济进入衰退以后，国际订单迅速减少，而国内市场承接制造业"出口转内销"又存在诸多问题，对我国经济的持续健康发展带来了诸多不利影响。在这样的背景下，充分发挥国内市场的作用，突出流通产业在引导消费、扩大消费中的作用，对于经济转型发展具有重要意义。

（1）存货变动占 GDP 的比重。

存货是反映生产环节运行状况的重要特征。企业保有存货通常是出于以下两大原因：一是销售不畅而只能将产品暂时储存，二是考虑未来销售的需要而提前生产。不难发现，这两大原因都与流通产业传递需求信息、促进产销衔接，进而提升渠道效率的基本职能密切相关。

从国民经济核算的角度看，完成生产而无法销售的产品会作为存货投资计入 GDP（支出法）之中。因而，存货变动占 GDP 的比重可以用来衡量生产与需求相互适应的整体情况，如表 3 - 1 所示。从按全国数据计算的结果来看，2008 年存货增加值占 GDP 的比重最高，达到了 3.20%，此后呈现出波动态势并略有下降。产生上述宏观表现的原因主要在于，2008 年以前，在出口导向型经济条件下，国内地区之间的产销联系并不紧密，当时全球市场处于快速增长之中，我国制造业的生产能力也在逐渐发展、累积，企业增加存货很有可能是为了防止供应中断；而 2008 年以后，全球市场发生了萎缩，这种存货保有的动机也就相应减弱，加之各地削减过剩产能并转向国内市场，存货规模有所下降。从按各地区分别计算的结果来看，近 10 年间总体上呈现出明显的下降趋势，2010 年以后的占比大多明显低于 2004 年以前①，如图 3 - 1 所示。可以看到，虽然各地

———————

① 由于全国数据与地区数据加总结果并不一致，对这两种方法计算的平均值进行比较并无实质意义。

区的总体变化趋势体现出较强的一致性，但地区间联动特征并不明显。这也反映出当前各地经济结构相对独立，彼此间产销联系有限。

表 3 - 1　　全国存货变动占 GDP（支出法）比重　　单位：%

年份	全国平均	按省份等权平均	年份	全国平均	按省份等权平均
2002	1.09	5.10	2009	1.54	1.78
2003	1.35	4.27	2010	2.64	2.22
2004	2.30	4.58	2011	2.81	2.24
2005	0.91	3.27	2012	1.97	2.11
2006	1.18	2.69	2013	1.87	2.24
2007	2.57	2.67	2014	1.96	2.08
2008	3.20	2.69	2015	1.62	1.81

资料来源：国家统计局网站。

（2）流通产业的产销对接作用。

通过分析产品生产量、销售量与消费量的变化趋势及相互间关系，可以考察流通产业在对接产销方面发挥的作用。从全国层面来看，完成生产的产品一部分用于出口，另一部分用于国内销售，并且国内和国际市场不是完全割裂的。与上述内容相对应，可以选择代表性产品，对其生产环节总产量、国内销量（剔除出口量）的变化趋势进行分析，再结合最终消费量、批发零售环节销售量，比较其动态增减的变化比率，进而了解生产环节自身调整、国内流通环节发展与最终消费增长在其中发挥的不同作用。就一个地区而言，当地生产的产品除了出口和本地销售以外，还会销往外地。比较当地产量、批零销量和消费量之间的关系，可以进一步认识流通环节在商品跨地区流转中的作用。

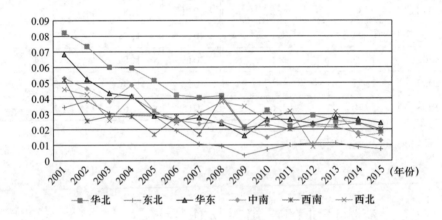

图 3 - 1　分地区存货变动占 GDP（支出法）比重

注：根据国家统计局的划分标准，华北地区包括北京、天津、河北、山西、内蒙古，东北地区包括辽宁、吉林、黑龙江，华东地区包括上海、江苏、浙江、安徽、福建、江西、山东，中南地区包括河南、湖北、湖南、广东、广西、海南，西南地区包括重庆、四川、贵州、云南、西藏，西北地区包括陕西、甘肃、青海、宁夏、新疆。下同。

资料来源：国家统计局网站。

限于数据的可得性①，本书对部分农产品、工业品在2009—2011年的生产量与销售量、消费量之间的变化进行了分析，如表3－2和图3－2、图3－3所示。可以看到，对于以电冰箱、洗衣机、电视机为代表的家

表3－2　　　部分商品产量、大型零售企业销量与城镇
家庭年购买量变动表　　　单位:%

	产量变动	大型零售企业销量变动	城镇家庭全年购买量变动
糖	－11.28	21.12	
食用植物油	26.17	23.42	
家用电冰箱	46.69	12.74	
家用洗衣机	35.03	13.95	
彩色电视机	23.56	13.26	
粮食	7.61	33.79	6.51
牛奶	3.95	26.92	－1.38
水果	11.63		－1.27
猪肉	3.47		8.01
牛羊肉	1.53	39.03	14.58
水产品	9.51	52.34	28.62
禽蛋	2.51	32.56	2.76

注：变动比率根据2009—2011年数据计算。城镇家庭全年购买量由人均量与城镇人口数相乘得到。

资料来源：国家统计局网站、Wind资讯。

---

①　由于缺乏更为完整的零售企业销量数据和城乡家庭消费量数据，这里的分析无法考虑零售行业内部结构与城乡消费差异的具体情况。

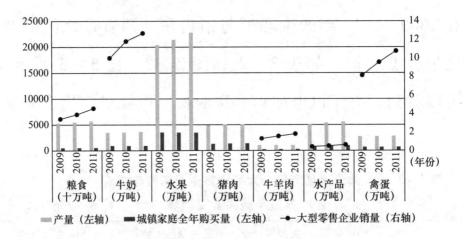

图3-2 部分农产品产量、城镇家庭全年购买量及

大型零售企业销售量

资料来源：国家统计局网站、Wind 资讯。

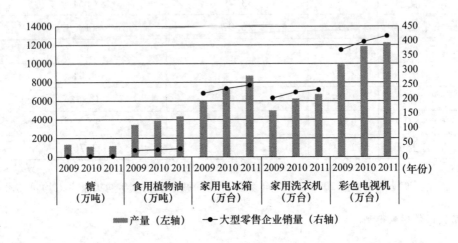

图3-3 部分工业品产量及大型零售企业销售量

资料来源：国家统计局网站、Wind 资讯。

电类产品而言，产量增速明显快于零售环节的销量增速，如果不依靠出口需求，将带来存货累积、竞争加剧的结果。对于肉、蛋、奶等农产品而言，大型零售企业销量的增速明显快于产量的增速，这表明超市、卖场等现代零售业态在农产品销售中的作用逐渐增大，并已被人们接受。其中，城镇居民牛羊肉、水产品的购买量也有较快的增长，但增速低于大型零售企业销量增速，说明流通环节的快速增长并不是完全由需求增长拉动的，而是存在自身作用的表现。

（3）其他评价指标或衡量方式。

流通产业开拓国内市场、引导产业转型等方面的作用还体现在诸多具体的经营业务活动之中，这些内容也应当纳入评价与衡量的范围之中。例如，政府或行业协会组织举办的商品展销会、博览会，能够同时兼顾国内、国外两大市场的客商。这些展览会不仅能够为企业"走出国门"提供支持，还能在企业"走出本地、走向全国"的过程中发挥降低交易对象发现成本的功能，这是充分利用全国大市场的具体表现。表3－3汇总了2008—2015年我国主要省市举办展览会的基本情况。

表 3 – 3　　　　展览会举办情况（2008—2015 年）

年份	全国		北京	上海	广东	浙江	江苏	山东
2008	数量（场）	4490						
2009		4920						
2010		6200						
2011		6830						
2012		7189	430	806	618	711	550	609
2013		7319	418	798	702	501	770	504
2014		8009	431	769	617	565	887	631
2015		9283	415	749	766	728	665	727
2008	展出面积（万平方米）	4517						
2009		4990						
2010		7440						
2011		8120						
2012		8990	562	1109	1364	806	520	787
2013		9391	552	1201	1339	594	813	861
2014		10276	608	1279	1386	666	895	997
2015		11798	520	1512	1654	768	679	992

资料来源：Wind 资讯。

又如，对于缺乏零售网点设施，或仅有杂货店等简单业态的地区，如果能够将网点进一步拓展，或通过对现有网点的规范化改造，将其纳入连锁经营的供货网络，则可以对当地居民的消费提升产生极大的推动作用。因而，县级或三四线城市的商业网点连锁化率指标可以用来衡量流通产业带动城乡消费均衡发展功能的重要程度。

再如，建立商业企业采购经理人交流培训机制，培养买手队伍，可以直接促进中小流通企业接触各地的生产企业，发挥全国大市场的作用。目前，国内许多高校商学院、大型行业协会等都举办了类似的培训活动。

2. 流通产业改善资源配置格局效果评价

生产资源、劳动力资源、资金资源的跨地区、跨行业流动，是市场机制发挥作用的基本条件。这里将围绕地区间价格水平、价格联动、产需结构互补等内容构建评价或衡量指标，集中考察流通产业促进资源配置结构优化的效果。

（1）地区间价格水平。

总的来看，价格机制是市场经济下调节资源配置的核心。在贸易自由且交易成本为零的理想条件下，同一种商品在各地的销售价格应当相同。据"中国价格信息网（www. chinaprice. cn）"数据计算，目前全国主要商品的价格水平呈现出较为明显的差异，并以工业消费品的表现更为突出。当地经济发展水平、物流设施条件、房地产市场价格以及劳动力工资等是主要的影响因素[1]。

价格水平是完成流通过程之后的结果。一般而言，消费者面临的最终零售价格将由进入本地市场前后的两部分构成：第一部分由生产环节决定，既可以是当地的产出价格，也可以是外地的产出价格与流通成本之和，这取决于是否发生了地区间套利；第二部分则由当地的销售、运输等服务价格决定，这些产品本身无法进行地区间流转。由此可见，流通产业的发展可以通过降低流通费用促进跨地区商品流转，为不同地区基于资源禀赋优势实现产业布局提供支撑；同时，还可以通过专业化运营降低本地消费品附加的服务价格，总体上减少地区间生活成本差异，便利劳动力的跨地区流动。

（2）地区间价格联动。

现实中，地区间的价格差异总是长期存在的，而依据发生价格波动之后能否迅速恢复，可以评价市场经济中资源配置是否有效。近年来，我国频频出现地区性的农产品滞销问题，而这些产品并未出现全国性的供给过

---

[1] 张昊：《非均衡发展与地区间商品价格水平差异——兼议国内情形下的"类中等收入陷阱"》，《财贸经济》2017 年第 10 期。

剩。从价格运行和套利活动的角度看，可以认为是地区间的价格联动出现了问题：商品套利的效果未得到明显体现，滞销地区的价格变化（下跌）未能有效传导至更远的地区。

表3-4所示的是我国主要城市在大类农产品价格发生波动以后，随时间推进恢复一般价格水平的过程。若以价格水平高于或低于自身均价0.75个标准差为临

表3-4　　　价格发生波动的城市随时间变化情况　　　单位：天

滞后期 (Δl)	1	2	3	4	5	1	2	3	4	5
临界值	$d_s = 0.75$					$d_s = 0.5$				
蔬菜	69.51	55.45	46.73	37.87	32.24	74.07	61.25	53.91	47.09	39.93
水果	82.92	71.72	63.68	55.68	48.19	85.41	76.78	69.91	63.51	57.98
水产品	79.79	68.69	59.69	51.72	45.54	83.20	74.19	66.93	60.65	54.87
肉禽蛋	78.45	67.58	59.39	51.78	43.11	82.66	73.71	67.05	60.93	55.98
全体	77.67	65.86	57.37	49.26	42.27	81.34	71.48	64.45	58.04	52.19

注：表中结果根据2014年旬价格数据计算得出，每1个单位 Δl 代表10天。其中，蔬菜包括大白菜、芹菜、油菜、黄瓜、萝卜、茄子、西红柿、土豆、胡萝卜、青椒、尖椒、圆白菜、豆角、蒜薹和韭菜，水果包括橙子、梨、苹果、西瓜、香蕉5个品种，水产品包括草鱼、带鱼、海虾、鲤鱼、鲢鱼、鲫鱼、鳙鱼7个品种，肉禽蛋包括鸡肉、鸡蛋、猪肉（含带皮后腿肉、精瘦肉、肋排、肋条肉4个子品种）、鲜牛肉（含牛腩、腱子肉2个子品种）、鲜羊肉（含带骨、去骨2个子品种）。

资料来源：中国价格信息网，http：//www.chinaprice.cn。

界值来筛选发生价格波动的城市①，则价格恢复的"半衰期"在40天左右，其中蔬菜最快，水果最慢，水产品和肉禽蛋类居中。

表3-5所示的是我国大类农产品价格波动随时间推进在城市间扩散的过程。按照前述相同标准筛选发生价格波动的城市，并以两期中距离最近的城市组合作为发生价格传导的配对城市，汇总结果表明，当价格波动发生10天之后，能够传导至距离大约250公里的其他城市，20天后达到450公里，一个月后达到625公里左右。其中蔬菜最快，20天后能达到距离660公里左右的城市；水产品最慢，一个月后仍未超过300公里；水果和肉禽蛋类居中，20天后能传导430公里左右。就传导城市间的相互关系来看，同一省内城市间的价格联动影响更为明显，表现为存在价格传导关系的配对城市中，同省份占比较高。除了同省内城市距离本身较为接近以外，地区间行政分割等造成的商品跨省流转不畅，也是农产品流通受限、跨地域价格联动表现不明显的原因。

---

① 该筛选方法主要针对短期价格波动，而非中长期趋势或周期性波动。

表3－5　　　　　　各大类农产品价格波动的跨期特征

指标		平均最短扩散距离（公里）			相同省份占比（%）		
滞后期（Δl）		1	2	3	1	2	3
$d_s = 0.5$	蔬菜	410.22	685.99	999.70	75.28	66.56	61.78
	水果	213.03	340.55	473.94	83.99	75.40	69.04
	水产品	175.87	220.00	239.93	84.52	77.71	72.88
	肉禽蛋	232.02	429.73	434.70	84.28	77.34	70.99
	全体	257.78	419.07	537.07	82.02	74.25	68.67
$d_s = 0.75$	蔬菜	380.53	659.93	1087.0	69.89	59.82	53.50
	水果	201.30	439.57	586.53	80.12	67.37	60.06
	水产品	186.96	269.49	292.38	79.26	70.37	64.42
	肉禽蛋	237.60	428.32	536.04	78.25	68.77	61.26
	全体	251.60	449.33	625.49	76.88	66.58	59.81

注：取样产品同表3－4。

资料来源：中国价格信息网，http：//www.chinaprice.cn。

（3）产需结构差异度[①]。

地区间资源配置效率提升的一个直接表现在于分工导致的产业结构差异化。在难以得到"资源应当如何配置"这一生产环节的效率标准时，可以考虑使用消费结构这一需求环节的特征作为标准。将产业结构与消费结构进行比较，这种差异越大，则说明该地区的消费

————————

[①]　张昊：《再议国内区域市场是趋于分割还是整合》，《财贸经济》2014年第11期。

对本地生产的依赖性或相关性越低，进而越接近于开放经济的情形，在全国层面就表现为国内市场的统一程度越高。这一评价思路能够反映流通产业在其中的作用，因为地区内商品生产量与消费量的差就是由国内贸易活动带来的。

对生产与需求两大环节的匹配程度比较需要解决两个问题：一是两者间的分类口径不一致，这里以零售环节的商品销售类值为基准，根据对制造业 3—4 位分类代码的细分数据进行归并或扣减，得到如表 3 - 6 所示的产需环节对应结果。二是不同产品的环节间价值增值存在差异，这里采取计算"区位商"的办法，以各类别产品生产、零售环节销售额比值的全国平均值作为基准，计算各省份该产品与基准值相除的结果来进行横向比较。该计算结果越大，说明当地生产满足当地消费后销往外地的商品越多，反之则表明当地的该类商品主要由外地供应。在此基础上，如果一个地区各类商品的区位商差异越大，说明当地商品进、出总量越大，即参与开放经济下资源跨地域优化配置的表现越明显。这里以基尼（Gini）系数来衡量这种差异。需要注意的是，该指标需要与区位商的平均值配合使用，后者主要反映一个省份总体上是商品"流入型"还是"流出型"。否则，离散度减小有可能是多数产业共同的区位转移所致。

表 3 - 6　　　　　生产与零售环节的商品分类对应表

商品销售分类名称	制造业行业分类名称（2011 年版）
饮料类	软饮料制造
烟酒类	酒的制造，烟草制品
化妆品类	化妆品制造
金银珠宝类	珠宝首饰及有关制品制造
洗涤用品类	肥皂及合成洗涤剂制造（属于日用化学产品制造）
儿童玩具类	玩具制造
体育、娱乐用品类	体育用品制造、乐器制造、游艺器材及娱乐用品制造、照相机及器材制造
书报杂志类	书报刊印刷
家用电器和音像器材类	家用电力器具制造、视听设备制造
西药类	化学药品制剂制造
中草药及中成药类	中药饮片加工、中成药生产制造
文化办公用品类	文教办公用品制造、计算机制造、文化办公用机械制造（除照相机及器材制造）
家具类	家具制造

资料来源：根据相关标准整理。

按照上述计算思路，图 3 - 4 给出了我国各大区域所包含省份在 2001—2010 年[①]的区位商离散度变化趋

————————

① 制造业细分行业数据的公开存在 3 年的滞后期。

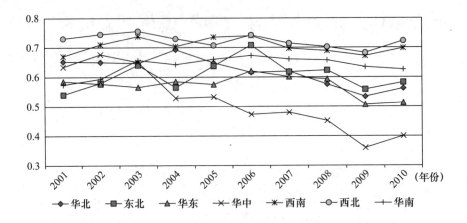

图 3 - 4　区位商离散度的计算结果（分地区均值）

注：地区划分同表 3 - 1。

资料来源：用于计算的原始数据中，制造业环节数据取自"中宏产业数据库"，零售环节的销售额从《中国贸易外经统计年鉴》《中国市场统计年鉴》批零销售类值中获得。

势。由图可见，华中、华北两地的指标呈现出下降趋势。结合表 3 - 7 中区位商平均值的结果，这些地区总体上属于商品流入型，但流入量相对于当地产量略有减少，因而各类商品产需结构的同化更有可能是本地商品替代流入商品所带来的。同时，华东、华南的区位商离散度指标也有略微下降的趋势，但由于这两大区域总体上属于商品流出型，因而这有可能是地区外部的需求结构变化所致，无法进行直接判断。就西南地区而言，区位商离散度指标虽在 2010 年有所反弹，但总体呈倒 U 形，同时区位商平均值在 1 附近，可认为该地区市场由开放趋于封闭。

表 3 - 7　　　　　　　区位商均值的分地区计算结果

年份	2001	2002	2003	2004	2005	2006	2007	2008	2009	2010
华北	0.584	0.576	0.527	0.616	0.563	0.626	0.604	0.559	0.601	0.633
东北	0.515	0.426	0.355	0.541	0.572	0.708	0.509	0.609	0.781	0.863
华东	1.430	1.345	1.290	1.445	1.489	1.379	1.336	1.340	1.429	1.396
华中	0.696	0.696	0.686	0.571	0.688	0.643	0.698	0.743	0.759	0.636
西南	1.208	1.171	0.970	0.769	0.800	0.810	1.034	0.877	0.801	0.889
西北	0.631	0.559	0.547	0.569	0.562	0.562	0.620	0.736	0.409	0.346
华南	1.865	2.213	2.875	2.564	2.402	2.417	2.318	2.242	2.429	2.436

注：地区划分同表 3 - 1。

资料来源：同图 3 - 4。

（4）区域间货物流动。

生产资料、中间品和最终产品的跨地区流动是资源配置的直接表现，因而地区之间的货物进出流量能够反映流通产业在资源配置中的具体作用。但与国际贸易完善的海关统计数据相比，地区间货物流量数据显得尤为缺乏。

目前仅有铁路货物运输相对完整地反映了各省份货

物流入与流出的情况。图 3 - 5 所示的是根据 2014 年全国地域间铁路运输货物流量汇总的各省（市、区）货物发送量和到达量。可以看出，资源大省山西、内蒙古等通过铁路向外运输的货物量较大，而河北、辽宁等地从外部运入的货物较多。

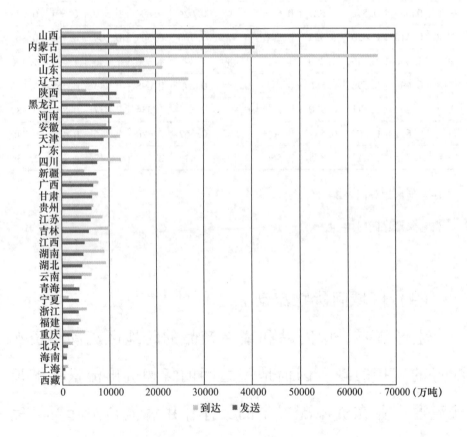

图 3 - 5　2014 年各省（市、区）铁路货物运输发送量与到达量

资料来源：《中国交通年鉴》。

　　进一步计算各省（市、区）铁路货物运输的发送量与到达量之比，可以更加直观地反映上述地区与其他地区间经济联系密切的特点，同时，可以计算各省（市、区）单位 GDP 的铁路货运量，如表 3 - 8 所示。

表 3 - 8　　　　　　　2014 年各省铁路运输情况分析

	发送量/ 到达量	单位 GDP 铁路 运输量		发送量/ 到达量	单位 GDP 铁路 运输量
北京	0.5283	0.1495	湖北	0.4589	0.4961
天津	0.7167	1.3499	湖南	0.5020	0.4988
河北	0.2649	2.8528	广东	1.3272	0.2009
山西	8.4542	6.2882	广西	0.8626	0.9209
内蒙古	3.4414	2.9525	海南	0.9468	0.5016
辽宁	0.6130	1.5169	重庆	0.4085	0.4719
吉林	0.5725	1.1412	四川	0.6017	0.7016
黑龙江	0.8922	1.5681	贵州	0.9398	1.4049
上海	0.4690	0.0694	云南	0.6564	0.8058
江苏	0.7067	0.2260	西藏	0.0807	0.5528
浙江	0.6620	0.2132	陕西	2.1991	0.9557
安徽	1.1069	0.9575	甘肃	0.8404	2.0628
福建	0.8707	0.3018	青海	1.4714	2.6288
江西	0.6171	0.8033	宁夏	2.7124	1.7401
山东	0.7995	0.6490	新疆	1.5322	1.3115
河南	0.7967	0.6833			

　　注：单位 GDP 铁路运输量 =（发送量 + 到量）/GDP，单位为"万吨/亿元"。

　　资料来源：《中国交通年鉴》、国家统计局网站。

可以看到，自然资源储备较为丰富的北方地区计算结果普遍较高，在图中体现为颜色较深区域；对南方地区而言，单位地区生产总值的铁路货运量则相对较少。需要指出的是，随着公路运输条件的改善，近年来全国铁路货物运输总量呈下降趋势；并且，我国不少地区还可选择内河航运、海运等更加低廉的货物运输方式。因而使用铁路运量来分析地区间资源和货物流动的情况也存在一定的局限性。

（5）其他评价指标或衡量方式。

流通产业改善资源配置的作用还可通过地区间投入产出关系来加以衡量。各地区的产业运行都直接与流通产业存在投入产出关系，通过计算分配系数、消耗系数，可以考察流通产业在为这些产业提供实物生产资料和实现最终产品销售方面的作用。另外，可以采用类似资源密集型或非资源型省份中支柱行业的投入产出特征进行间接衡量。但由于投入产出表每5年编制一次，据此计算的评价指标具有一定的延迟性。

同时，流通环节涉及产品或原材料的丰富程度也应作为考察资源配置功能的重要因素。在分工生产的条件下，一个产业的产品往往较为单一，但所需的生产资料或中间品却丰富多样。因而，需要流通产业发挥资源整合与产品集配的功能，为这种分工与专业化提供支持。具体考察流通对象的品种、层次，能够从定性角度认识流通产业在这方面的重要作用。

3. 流通产业提供大众创业就业平台评价

流通产业涉及物流、批发、零售、餐饮多个产业，创造了大量的就业岗位，是长期以来吸纳社会就业的"蓄水池"。与此同时，随着互联网等新兴技术的运用，流通产业又成为大众创业的重要领域。

（1）吸纳就业或创业的规模。

流通产业吸纳就业的情况可以直接从城镇单位、私营企业和个体就业人口规模中得到体现。表3-9是2005—2015年我国城镇单位年末就业人数情况，内贸流通产业提供的就业岗位占比稳定在10%以上。表3-10是私营企业和个体就业人员的情况，从行业分布来看，内贸流通产业的占比接近于50%。可见，尽管单个私营企业或个体经营能够吸纳的就业人数较少，但由于它们数量大、分布广，成为吸纳社会就业的重要部分，其提

表 3-9　　　　　　城镇单位年末就业人员情况　　　　　单位：万人

年份	城镇单位总就业人员数	交通运输、仓储和邮政业	批发和零售业	住宿和餐饮业	内贸流通产业合计占比（%）
2005	11404.0	613.9	544.0	181.2	11.74
2006	11713.2	612.7	515.7	183.9	11.20
2007	12024.4	623.1	506.9	185.8	10.94
2008	12192.5	627.3	514.4	193.2	10.95
2009	12573	634.4	520.8	202.1	10.80
2010	13051.5	631.1	535.1	209.2	10.54
2011	14413.3	662.8	647.5	242.7	10.77
2012	15236.4	667.5	711.8	265.1	10.79
2013	18108.4	846.2	890.8	304.4	11.27
2014	18277.8	861.4	888.6	289.3	11.16
2015	18062.5	854.4	883.3	276.1	11.15

注：交通运输业还包含了无法排除的客运部分。

资料来源：国家统计局网站。

供的总就业岗位数已经超过了城镇单位，且它们的行业壁垒或进入门槛较低，故这类企业就业人员占比较高。

（2）吸纳就业或创业的特征。

考察流通产业从业人员在教育水平、人口来源、就业方式等方面的情况，能够反映其在吸纳就业方面具有的深层次特点，了解流通产业解决就业所针对的主要群体及变化趋势。

表 3 - 10 私营企业和个体就业人员情况 单位：万人

年份	私营企业和个体就业人员总数	交通运输、仓储和邮政业	批发和零售业	住宿和餐饮业	内贸流通产业合计占比（%）
2005	10724.6	398.9	4065.8	720.3	48.35
2006	11746.0	421.8	4407.3	771.3	47.68
2007	12749.3	443.7	4771.7	801.2	47.19
2008	13680.4	451.3	5183.7	860.1	47.48
2009	15192.3	512.7	5961.7	916.0	48.65
2010	16425.1	487.6	6388.5	996.4	47.93
2011	18298.9	512.0	7425.3	1072.4	49.24
2012	19924.4	837.7	7721.0	1161.9	48.79
2013	21857.3	599.2	8749.4	1346.2	48.93
2014	24975.0	629.6	10131.8	1547.9	49.29
2015	28077.1	650.4	11277	1858.8	49.10

资料来源：国家统计局网站。

从流通领域本身着眼，图 3 - 6 显示的是 2014 年我国该领域内从业人员的学历情况。从中可以看出，初中、高中学历人员占比高于社会平均水平，而大学本科、研究生以上学历的占比非常低。

就流动就业人员的主要群体而言，图 3 - 7 所示的是"农民工"就业的行业分布情况。将交通运输、仓储和邮政业，批发和零售业以及住宿和餐饮业作为细分

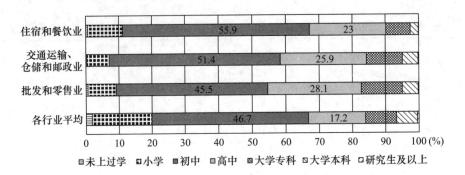

图 3 - 6 内贸流通领域就业人员学历情况（2014 年）

资料来源：《中国人口和就业统计年鉴》（2015）。

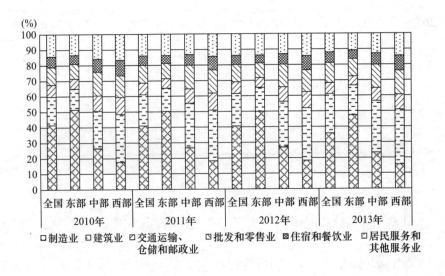

图 3 - 7 农民工就业的行业分布情况（2010—2013 年）

资料来源：国家统计局网站、Wind 资讯。

产业构成，则全国有 22% 左右的农民工在内贸流通领域就业，仅次于制造业，略高于建筑业。分地区来看，内贸流通业在东部、中部、西部三大地区吸收农民工就业的比重依次上升，2013 年分别为 20.5%、26.4% 和 29.5%。这与我国制造业发达程度由东向西递减的分布格局有关，也表明内贸流通业在解决经济欠发达地区就业方面所发挥的重要作用。

从吸纳就业的形式来看，流通产业是吸收非正规就业的重要领域。我国 1% 人口抽样调查中涉及劳动者的就业身份、工作单位类型等内容，并包括了劳动合同、社会保险、月收入水平等重要信息。以"家庭帮工、非正规部门和家庭部门中的自营劳动者、非正规部门中的雇主和从事非正规工作的雇员"为口径，可以估算非正式就业人员的行业分布情况[①]。图 3－8 显示的是根据 2005 年调查数据估算得出的结果，可以明显地看到，流通产业的占比总和接近 40%，高于制造业，已经成为社会灵活就业人员的主要选择。

---

① 根据《全国人口普查条例》（2010 年颁布）的规定，在每 10 年进行一次的人口普查之间，位数逢 5 的年份开展 1% 人口抽样调查，最近一次调查时间为 2015 年。参见薛进军、高文书《中国城镇非正规就业：规模、特征和收入差距》，《经济社会体制比较》2012 年第 6 期。

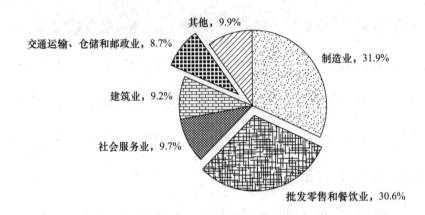

图 3 - 8　非正规就业人员行业分布情况（2005 年）

资料来源：据薛进军、高文书（2012）估算结果绘制。

（3）就业与创业的具体形式。

流通领域的就业与创业形式丰富多样，除了已经包含在个体工商户当中的大量自主创业、自我雇佣人员以外，由模式创新、技术创新带来的新型就业或创业模式，也能够反映流通领域为大众提供创业就业平台的作用。

"淘宝村"作为农村经济与电子商务结合的产物，对于带动农民创业、就业具有重要的意义。表 3 - 11 显示的是 2014—2016 年我国出现"淘宝村"的省份分布情况。可以看出，浙江、广东、江苏、福建、山东、河北等东南沿海或靠近主要消费地区的省份都有"淘宝村"集中出现，并且"淘宝村"的数量增长十分迅速。据统计①，2013 年全国共有 20 个左右，2014 年增长至 200 多个，2016 年则达到 1311 个。截至 2016 年 8 月底，全国"淘宝村"活跃网店直接创造超过 84 万个就业机会。

表 3 - 11　　　　"淘宝村"分布情况　　　　单位：个

地区	2014 年	2015 年	2016 年	地区	2014 年	2015 年	2016 年
浙江	61	280	506	天津	1	3	5
广东	54	157	262	四川	2	2	3
江苏	25	127	201	云南		2	1
福建	28	71	107	北京		1	1
山东	13	64	108	湖北	1	1	1
河北	25	59	91	吉林		1	1
河南	1	4	13	辽宁		1	4
湖南		3	1	宁夏		1	1
江西		3	4	安徽			1

资料来源：阿里研究院：《中国淘宝村研究报告》，2014 年、2015 年、2016 年。

近两年来，依托"微信"平台进行产品销售的新

---

① "淘宝村"的认定标准包括：经营场所在农村地区，以行政村为单元；电子商务年交易额达到 1000 万元以上；本村活跃网店数量达到 100 家以上，或活跃网店数量达到当地家庭户数的 10% 以上。参见阿里研究院《中国淘宝村研究报告》，2014 年、2015 年。

模式逐渐兴起，"微商"成为对这部分经营群体的称呼。据统计[①]，截至 2015 年第一季度，微商行业从业人数已经达到 1007 万人，市场规模达到 960 亿元。测算数据表明，微信带动社会就业规模达 1747 万人，同比增长 73.5%。其中直接就业 439 万人，同比增长 128.7%；间接就业 1308 万人，同比增长 60.5%。另外，目前微信拥有的公众号数量达到 1000 万以上，其中约 60 万为企业号，开放平台第三方开发者数量达 20 万，调查显示，90% 的公众号和企业号运营人员在 1—5 人。

（4）就业或创业的质量水平。

只有充分考察流通领域中就业与创业的质量，认识其中存在的问题，才能更好地寻找提升产业作用的途径。

从就业方面来看，流通领域从业人员的工资水平并不高，以 2015 年统计数据计算，住宿和餐饮业城镇单位就业人员平均工资约为 4.1 万元，仅高于农、林、牧、渔业；批发和零售业平均工资略低于行业平均水

---

① 中国信息通信研究院产业与规划研究所：《微信经济社会影响力研究》，2016 年。

平，约为 6.0 万元；相对较高的交通运输、仓储和邮政业中，就业人员年平均工资为 6.9 万元（见图 3 - 9）。由此可见，流通领域中的大部分从业人员并不属于高收入群体。

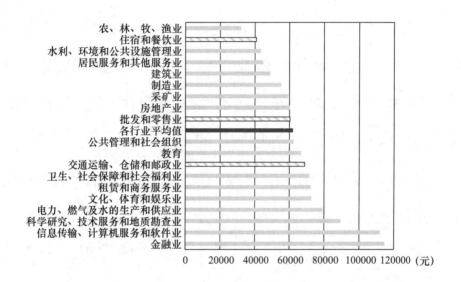

图 3 - 9　2015 年各行业城镇单位就业人员平均工资

资料来源：国家统计局网站。

还应看到，前述对流通领域就业特征的考察表明，自我雇佣、非正式就业等形式的占比相对较高。辩证地看，这一方面说明流通领域就业门槛低，吸收就业的能力强，另一方面也表明在流通领域工作的劳动者在收入稳定性、劳动和社会保障等方面与其他行业存在一定的差距。当然，我国劳动就业与社保体制正不断完善，针对创业者的诸多配套设施也在逐渐建立，传统的职业选择观念也在发生变化，就业形式将不再是就业质量的直接反映。

（5）其他评价指标或衡量方式。

除了关注流通领域就业与创业人员的总量规模、结构特征和具体形式以外，还需要考察诸多信息来全面反映流通产业作为就业创业平台的作用。

例如，流通产业发展会对就业或创业的意向产生积极的间接影响。流通产业通过经营内容的多样化、丰富化，能够起到拓展新市场、释放新需求的作用，为各种创新型产品或模式提供机会，进而拓展就业方式。

再如，流通领域对于劳动力再就业的专门作用也值得注意。随着产业结构调整的深入，职工再就业问题是关系到社会稳定的民生诉求。地区性、行业性的再就业情况调查表明，收入水平、入职门槛等是影响再就业的主要因素，流通产业就业门槛低，往往成为劳动力再就业的第一选择。

此外，流通领域拥有大量显性或潜在的职业培训资源，能够为劳动力提供适合而充分的就业支持。典型地，早先在外资零售企业就业的中国员工在学习并接受其先进管理方式以后，通过职业流动逐渐影响了内资零售企业的经营水平，进而又由发达地区延伸到欠发达地区，提升了行业内劳动力的整体素质。

4. 流通产业形成生态文明建设领域评价

流通产业能够通过多种途径在构建生态文明的过程中发挥作用。对这一功能的考察，主要围绕流通领域自身内部的生态文明建设来进行，同时还涉及流通产业通过完善循环经济链条促进其他行业的生态文明建设等内容。

（1）流通产业的资源消耗。

资源消耗是衡量一个行业的发展对自然生态影响的主要方面。我国第二次经济普查对各行业的水消费和主要能源产品消耗情况进行了调查，利用该数据可以进行行业间的横向比较[1]。从表 3 - 12 的统计数据中可以看

---

[1]　由于《第三次中国经济普查年鉴》（2013）中未提供相应数据，无法进行动态比较。此外，结合流通产业规模，计算单位面积、销售额的资源消耗情况并进行时序比较，也是体现流通领域建设生态文明的具体进程的重要内容。

表 3-12　　　　　　　　　**分行业水消费情况（2008 年）**

	水消费总量（亿立方米）	比重（%）
采矿业	49.57	4.93
制造业	293.56	29.21
电力、燃气及水的生产供应业	450.04	44.78
建筑业	50.36	5.01
交通运输、仓储和邮政业	9.00	0.90
批发和零售业	14.71	1.46
住宿和餐饮业	16.69	1.66
金融业	2.56	0.25
房地产业	12.09	1.20
信息传输、计算机服务和软件业	1.74	0.17
租赁和商务服务业	7.29	0.72
科学研究、技术服务、地质勘查业	3.64	0.36
水利、环境和公共设施管理业	10.57	1.05
居民服务和其他服务业	2.65	0.26
教育	38.25	3.81
卫生、社会保障、社会福利业	17.03	1.69
文化、体育、娱乐业	2.61	0.26
公共管理和社会组织	22.67	2.26
总计	1005.02	100.00

资料来源：《中国第二次经济普查年鉴》（2008）。

到，流通领域相关行业直接消费的水资源总量约占全社会的4%，表明流通产业并非水资源消耗的主要行业。表3-13中各行业能源产品消耗量占比体现出的情况略有不同，总体而言，流通领域涉及行业的能耗量接近于

表3 – 13　　　　　分行业能源消费情况（2008年）　　　单位:%

行业	农、林、牧、渔业	工业	建筑业	交通运输、仓储和邮政业	批发和零售业	住宿和餐饮业	其他
能源消费量（折万吨标准煤）	2.06	71.81	1.31	7.86	0.98	0.98	4.04
煤炭	0.54	94.48	0.21	0.24	0.24	0.40	0.64
煤气	0.00	92.76	0.00	0.01	0.05	0.32	0.07
汽油	2.61	9.54	3.19	50.29	2.03	0.17	18.26
煤油	0.10	3.79	0.75	90.77	1.56	0.05	2.00
柴油	8.12	18.60	2.74	56.53	0.83	0.30	8.51
燃料油	0.05	63.00	1.16	35.30	0.06	0.13	0.29
液化石油气	0.18	23.57	0.29	2.67	0.40	2.03	2.11
天然气	0.00	65.39	0.12	8.80	0.38	1.81	2.57
电力	2.57	73.50	1.06	1.66	1.84	1.11	5.54

资料来源:《中国第二次经济普查年鉴》（2008）。

全社会的10%，其中交通运输、仓储和邮政业占比较大。分能源产品来看，主要是交通运输、仓储和邮政业对于汽油、煤油、柴油、燃料油以及天然气的使用量较大，其中汽油、柴油用量占到了全社会的50%左右，煤油则达到了90%以上。从以上数据中可以看出，流通产业是能源消耗的主要领域，也是当前很长一段时间内能源节约的重点。

进一步地，应当对流通领域中能源或资源的节约途径加以分解，包括技术水平改进和运行方式改善两大方面。考察技术水平改进所产生的作用，主要涉及机车或发动机燃烧效率，交通工具、建筑节能设计等内容，受到技术创新与应用水平的限制；而运行方式方面的改进则是指在技术水平基本不变的情况下，通过提高装载率、减少空驶、合理规划运输路线、优化流通环节以降低库存水平等方式来减少能源消耗。这些内容主要涉及流通产业自身内部的运行特征，是其作为生态文明建设新领域的集中反映。

从微观角度看，提高能源使用效率，也是流通企业运营成本的主要方面。中国旅游饭店业协会对样本星级饭店的调查包括能耗成本率指标①。从图 3 - 10 中反映的变化趋势来看，2013 年前后星级饭店的能耗成本率有所抬升，此后呈现出略微下降的趋势。这初步表明饭店业在控制能源成本方面取得了一定的效果。当然，影响能耗成本率的因素纷繁复杂，还需结合资源价格、行业经营等具体情况加以分析。在能源价格基本稳定、饭店业经营收入并未显著提升的情况下，能耗成本率下降

---

① 成本率指标通常是指成本占销售收入的比重。

才能表明实现了能耗降低。

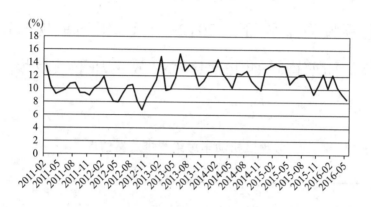

图 3 – 10　星级饭店平均能耗成本率

资料来源：中国旅游饭店业协会样本星级饭店数据。

此外，考察流通企业节能设备方面的投入额，如购买节能型空调、照明、电梯、冷冻冷藏设备，或在进行节能改造时的花费等，能够反映微观领域企业在实现环境友好型经营过程中的具体措施。

（2）流通产业的污染物排放。

污染物排放是衡量一个行业生产经营对自然生态影响的重要指标。目前，我国的公开统计数据中有关污染物排放的内容主要集中在海洋勘探、城镇生活以及工业生产等领域，其中与内贸流通具有较大关系的是机动车污染物排放量①。从表 3 – 14 中的数据来看，华北、东北、华东、中南地区的碳氢化合物、氮氧化物、一氧化碳和总颗粒物排放量在 2012—2015 年均呈现略微下降的趋势，而西南、西北地区的排放量却不减反增。横向

表 3 – 14　　　　分地区机动车污染物排放量情况
（2012—2015 年）　　　　　　单位：万吨

	碳氢化合物				氮氧化物			
	2012 年	2013 年	2014 年	2015 年	2012 年	2013 年	2014 年	2015 年
华北	80.48	79.41	78.87	79.08	118.92	116.95	112.00	106.23
东北	49.80	49.19	48.91	48.29	71.09	69.74	67.86	62.53
华东	103.15	98.86	95.96	94.47	161.98	162.26	159.80	146.22
中南	101.24	99.30	97.85	96.86	152.54	154.69	149.95	140.12
西南	51.64	52.09	53.80	48.45	65.56	65.90	67.78	63.57
西北	51.85	52.37	53.07	54.60	69.93	71.00	70.44	67.44
	一氧化碳				总颗粒物			
	2012 年	2013 年	2014 年	2015 年	2012 年	2013 年	2014 年	2015 年
华北	638.84	631.94	630.35	633.97	11.59	11.15	10.49	10.37
东北	383.56	383.09	383.02	380.55	7.41	7.12	6.84	6.53
华东	811.52	790.93	773.97	774.39	16.15	15.30	14.56	13.69
中南	835.00	823.24	814.91	813.03	15.13	14.79	14.30	13.71
西南	395.99	397.66	411.37	393.84	5.34	5.43	5.59	5.67
西北	406.77	412.86	420.08	431.20	6.53	5.63	5.58	5.63

资料来源：Wind 资讯。

① 机动车使用并不仅限于货物运输，这里无法排除载客运输、农业生产等非流通领域的部分。

比较可以看出，华东、中南和华北地区是污染物排放量较大的区域。总体而言，上述变化趋势和地区分布特征与我国不同地域所处的经济发展阶段存在密切的联系，经济相对发达地区已经进入到关注节能减排、保护环境的阶段，而经济赶超地区的污染物排放量增加很大程度上与当地经济发展有关。就流通产业而言，对污染物排放的考察可以与能耗指标结合起来，两者在产生机制与控制方式等方面存在直接的联系。类比资源节约，流通产业减少污染物排放的途径也可分为技术水平提升与经营方式改善两大方面，这里不再赘述。

（3）流通领域的材料消耗。

流通领域中，产品运输、销售环节需要耗费一定的材料。这些材料的使用并非出于生产目的，其本身并不形成产品，而主要是为了对核心商品加以保护或展示。考虑到这些材料的生产与使用也需要耗费能源、产生污染物，因而提高流通领域的材料使用率，既是构建生态文明的重要方面，也是微观层面间接减少对环境产生影响的实现途径。

随着电子商务的发展，快递配送成为我国城乡居民网上购物的重要支撑，而由此产生的包装耗费也迅速增长。据国家邮政局数据，2015 年我国快递服务企业业务量累计完成 206.7 亿件，同比增长 48%。据此估算，包装费用已经超过 20 亿元，消耗编织袋 29.6 亿条、塑料袋 82.6 亿个、包装箱 99 亿个、胶带 169.5 亿米、缓冲物 29.7 亿个[①]。目前，这些包装材料的有效回收途径尚未建立，原本可以回收的快递纸箱难以被再次利用，快递袋、胶带纸、填充泡沫等塑料制品更被直接作为垃圾丢弃。对这些快递业产生的废弃物进行焚烧处理，会带来一定的燃料耗费和废气净化成本。总的来看，以"小件"为特征的快递物流高速增长，必然带来包装环节规模经济性的下降，最有效的解决途径在于包装材料性能与生产技术的改进以及回收体系的建设。

（4）绿色流通政策与标准。

政府与行业协会在生态文明建设中发挥着重要的作用。推行有关环境保护的政策法规和行业标准，是促进流通产业与自然环境和谐发展的关键途径。2014 年 9 月，商务部发布《关于大力发展绿色流通的指导意见》以后，《绿色流通企业——绿色商场》等旨在推动企业

---

① 《快递包装回收难，200 亿份垃圾何去何从？》，http://news.xinhuanet.com/info/2016 - 03/29/c_ 135232017.htm，原载《北京日报》。

节能减排、循环利用，实现绿色发展的行业标准纷纷开始起草并逐渐付诸实施。考察这些政策法规及行业标准的制定、推行情况，也可定性反映流通产业生态文明建设的情况。

（5）其他评价指标或衡量方式。

流通领域作为生产与消费的连接环节，在自身建设生态文明的过程中，能够有力地对绿色产品生产和绿色消费行为产生促进作用。对这些方面进行评价或衡量，是体现流通产业间接带动全社会实现绿色发展的主要内容。例如，从消费角度看，可以对流通企业采购和销售绿色产品的情况加以考察，分析流通环节在促进节能环保产品消费方面的作用，计算环保节能产品的销售占比等。

再如，商品在促销过程中被过度包装的现象曾引起媒体的广泛关注。这样的包装已经远远超出了商品保护、保存与展示的基本目的，除了本身消耗大量材料以外，还会在运输、销售过程中占据更多的空间，带来间接的资源损耗和污染排放。过度包装的主要责任主体在于生产企业，在流通领域建设生态文明的过程中，也应通过提倡绿色消费等方式，逐渐引导零售企业和消费者抵制过度包装，从而减少由此带来的不利影响。

此外，如果考虑到流通产业能够降低可循环利用的废弃物在流通过程中的成本，以及通过中间品市场发展完善产业生产环节衔接等方面的作用，还可进一步考察流通产业在促进全社会构建低碳经济方面的效果，评价矿业、建筑业等重污染、大能耗产业通过流通产业的发展降低循环经济构建成本，进而实现"3R"，即原料和能源投入"减量化"（Reduce）以及物料"再使用"（Reuse）、"再循环"（Recycle）等方面的效果。

5. 流通产业促进优秀文化传播功能评价

流通产业与社会文化之间具有紧密的联系，但长期以来，这一功能并未得到足够的重视和关注，专门的数据资料也相对缺乏。对于流通产业促进优秀文化传播的考察，主要可以从流通产业商业信用水平、社会评价、与文化产业互动等方面展开。

（1）流通产业商业信用水平。

实现商品销售是流通企业的核心职能，这一过程中，零售商与供货商之间会建立长期的商业信用关系。在较长一段时间内，零售商拖欠、占用供货商资金的问

题时有发生，对上游环节的资金回笼和生产循环造成了
不利影响。2006 年，商务部等五部委联合发布了《零
售商供应商公平交易管理办法》，对其中的有关事项做
出了规定。从财务指标看，分析零售企业流动负债占负
债总额的比重，或计算流动负债与销售额、主营业务收
入等指标的比值，可以反映零售商以应付账款形式占用
上游资金的时序变化情况。现有的行业统计数据仅反映
负债总额，以此计算批零行业的资产负债率，并与工业
对比，如图 3 - 11 所示。可以大致看出，2008 年以后
零售业的资产负债率略有下降。

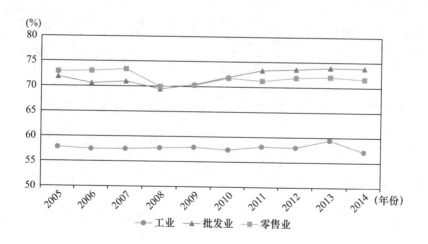

图 3 - 11　工业、批发业、零售业资产负债率比较

资料来源：据国家统计局数据计算。

（2）社会评价。

社会对流通产业的评价可以反映流通领域商业文化的建设情况。总的来看，评价分为正面评价和负面评价两大方面。商贸业曾涌现出大量技能娴熟、尽职尽责的优秀工作者，原北京市百货大楼糖果售货员张秉贵就是典型的代表。在每年的"全国劳动模范"称号获得者当中，也有相当一部分来自流通领域。根据工作单位的名称大致计数，2015 年有 10 多位全国劳动模范来自商贸及物流行业。涉及商贸企业经营不良行为的舆论报道和消费者投诉则是负面反馈的主要表现。从中国消费者协会发布的受理投诉情况看，2016 年销售服务方面的投诉件数和占比与 2015 年相比均有所上升（见表 3 - 15 所示）。

（3）与文化产业的互动。

流通产业还具有促进文化传播的功能，当前商业、旅游、文化协同发展已经成为诸多城市的现实举措。随着居民收入水平的提升，其消费层次也会发生变化，体现为对闲暇的追求以及文化精神领域消费需求的增长，而"商、旅、文"三者的融合正是适应了这一趋势。考察产品中是否含有文化要素，是衡量商业与文化产业互动的重要方面。

表 3 - 15 消费者协会受理投诉情况（按服务类型分）

服务大类	2015 年（件）	投诉比重（%）	2016 年（件）	投诉比重（%）	比重变化（%）
生活、社会服务	63311	9.85	64685	9.90	0.05
销售服务	28747	4.47	38932	5.96	1.49
互联网服务	27093	4.22	37791	5.78	1.56
信息通信服务	27340	4.25	32451	4.97	0.72
文化、娱乐、体育服务	9038	1.41	11430	1.75	0.34
邮政业服务	13240	2.06	11343	1.74	-0.32
公共设施服务	4845	0.75	9508	1.46	0.70
房屋装修及物业服务	3980	0.62	8496	1.30	0.68
教育培训服务	5811	0.90	6646	1.02	0.12
旅游服务	4646	0.72	4500	0.69	-0.03
金融服务	1162	0.18	3534	0.54	0.36
保险服务	1130	0.18	2788	0.43	0.25
卫生保健服务	516	0.08	2725	0.42	0.34

资料来源：中国消费者协会。

同时，有诸多文化产品中都包含了商业题材。从1995 年春晚小品《如此包装》讽刺当时餐饮业的虚假推销手段，到马云和依托"淘宝"平台的诸多创业者成为畅销书关注的主题，商业领域对社会文化的影响正变得越来越积极。追踪并关注文化创意产品中涉及流通产业的主题内容，可以体现商贸领域经营文化对社会的影响意义。

（三）总结

本章主要阐述了衡量流通产业"推动经济转型发展、改善资源配置格局、提供大众创业就业平台、形成生态文明建设领域、促进优秀文化传播"五大新功能的角度和方式。总的来看，注重结果表现与过程特征，将宏观与微观相联系、横向比较与动态分析相结合，同时采用定量与定性的方法，是客观评价流通领域作用发挥的必要条件。

但必须指出的是，从评价与衡量的角度来考察流通领域新功能的发挥，必然存在着局限性。从数据方面看，对于许多重要特征的分析把握受限于数据统计的对象范围和发布条件而难以准确实现。从视角维度看，根据现状设计的评价和衡量难以适用未来流通产业发挥作用的新途径。此外，对显性特征，尤其是具体过程特征的评价与衡量还意味着明确的行为导向，过于强调这些既有的内容还有可能产生限制创新的副作用。这些内容是在应用评价与衡量方法时必须引起重视和注意的。

四　流通产业落实新理念政策建议

（一）落实创新发展理念，提高流通产业运行效率

科学技术是第一生产力，科技创新是引领发展的第一动力。落实创新发展理念对于提高流通产业运行效率具有重要意义。鉴于我国流通产业面临技术水平相对落后、流通企业创新能力不足等问题，迫切需要落实创新发展理念，促进流通产业发展。

从政府层面看，首先，政府需要出台相关政策法规，破除体制机制障碍，培育适宜科技创新的市场环境，营造良好的科技创新氛围，培育一批具有技术含量的流通企业。需要建立健全流通法律体系，推动流通产业有序竞争；要引导流通企业适当兼并，提高产业集中

度，以充分利用规模优势；更要避免流通企业形成垄断，妨碍市场竞争，从而阻碍技术创新。其次，政府还需加快制定流通信息技术的规范和标准，推广信息系统在流通企业中的应用，使流通领域信息传递加快、信息处理效率提高，为流通企业开展全球化经营、实现规模效益提供技术支撑。再次，政府需要加强科技情报和商业情报的搜集，密切关注国外流通产业新动向，制定合理的流通产业政策，支持创新流通模式，扶持高新技术企业的发展壮大。要落实"互联网＋"战略，大力推动"互联网＋流通"行动计划，促进产业升级。此外，政府需要加快推动国民信用体系建设，营造良好的商业环境，大力发展消费金融和供应链金融，以促进金融与物流和贸易的结合，从而推动流通产业模式升级。最后，政府需要优化人才培养和引进机制，重视对流通产业人才的培养，支持流通理论和流通产业相关技术创新。

从企业层面看，国内流通企业需要转变经营思路，向技术创新求效率。第一，要关注国外流通产业动态，学习先进的流通理念和技术并加以利用、发展；第二，要抓住"互联网＋"战略的契机，充分利用互联网平台，促进流通企业向信息化转型；第三，流通企业要加大研发投入，大力发展先进的技术，创新流通模式；第四，流通企业要充分利用移动互联网、大数据、云计算、物联网等前沿技术，打造"智慧物流"和"智慧零售"，推动流通产业自动化、智能化发展；第五，要关注消费者需求变化，创新商业形态和商业模式，更好地满足消费者多样化、个性化的消费需求。

（二）落实协调发展理念，推动流通产业协调发展

协调是持续健康发展的内在要求。流通产业协调发展要求流通产业在区域之间、城乡之间以及流通产业内部各行业之间协调有序，和谐共存，共同发展。然而，一方面，城乡发展不平衡是我国社会经济长期以来面临的重要问题，在流通产业也较为突出；另一方面，由于地理区位、市场化程度、工业化与城市化水平等方面的差异，我国不同区域间的流通产业发展水平也存在一定差距。因此，政府和企业需要落实协调发展理念，推动流通产业协调发展。

从政府层面看：第一，要加大对农村地区、西部落后地区流通基础设施建设的投入力度，尤其要合理规划并扩张广大农村地区和西部地区的交通路网和信息网络，改善农村和经济落后地区的流通环境；要扩大流通节点及网络在农村和中西部地区的覆盖面，支持大型流通企业在城乡发展多层次商业网点。第二，应当推动提升城乡之间产品双向流通的整合度，破除城市与农村之间的体制性障碍，加强城乡流通规划、流通基础设施建设以及物流体系和信息体系的一体化建设，并注重在微观层面培育农业合作组织、农村连锁超市等农村流通主体，为创新城乡双向流通模式提供条件。第三，要推动大型农产品批发市场建设，建设全国协调的农产品流通市场网络，继续推进农产品现代流通综合示范区建设，促进农产品流通市场繁荣，从而促进农村流通经济增长。第四，要以"一带一路"为契机，加快推进城市群建设，以城带乡，以东部发达地区带动中西部落后地区，加强东中西部之间优势互补与相互协作，促进行业内核心要素的有效流动，以及区域间要素和商品的合理流通。第五，全面开展农超对接，包括"超市＋农协""超市＋农业基地""超市＋农业企业"以及"超市＋展会"的充分结合，对接农副土特产品与大型超市，培育大型地区性农产品批发市场，实现城乡商贸"利农、惠民"的目标。第六，要建立规范的流通产业法律体系，提高流通产业标准化水平，严厉打击在农村泛滥成灾的假冒伪劣商品，净化农村流通环境。

从企业层面看：第一，要积极开拓农村市场，布局农村商业网点，激发农村商贸流通活力，统筹城乡发展，实现城乡一体化。第二，要继续实施"电商下乡""快递下乡"战略，在农村普及先进、成熟的交易模式和流通技术，升级农村商贸流通产业；在完善城乡网络、缩小区域差距的同时，要注意协调好流通与生产、消费之间的关系，以及制造商、批发商、零售商之间的关系，使各方共同面向市场，实现互惠共赢；需要建立供应链管理理念，实施"全渠道零售"战略，线上线下同步发展，实现流通产业内部各行业之间的有序协调、和谐发展。

（三）落实绿色发展理念，促进流通产业节能环保

绿色是追求当前美好生活与可持续发展双重目标的体现。创造流通产业的绿色发展路径，既是我国建设资源节约型和环境友好型社会、形成经济与环境协调发展新格局的要求，也是减少污染排放和资源消耗、为全球生态环境维护和治理做出贡献的内在要求。然而，当前我国流通产业，尤其是物流产业存在能耗过高、效率低下、冷链物流和逆向物流发展滞后等问题，产生了大量污染和资源浪费，迫切需要落实绿色发展理念，促进流通产业节能环保。

首先，政府需要制定绿色标准，倡导绿色发展理念。第一，政府要指导制定绿色流通产业标准和评价指标体系，健全流通产业节能环保法律体系，完善绿色商品采购、商品包装、废弃物处理、运输车辆车型及燃油使用等流通活动过程的相关法规条例，从制度层面确立绿色发展的方向。第二，政府要完善绿色补贴和税收政策，可以设定碳排放标准，推动建立排污收费制度，对

于排放达标的企业给予一定的财政补贴和税收优惠，对排放不达标的企业给予一定的制裁，对于严重超标的高能耗、高污染企业，可以勒令整改甚至关停。第三，要加强舆论引导和监督，倡导勤俭节约、低碳生活的绿色消费理念和消费方式。

其次，企业需要采用绿色发展方式。第一，物流企业需要大力发展冷链物流，增加冷链物流基础设施，降低生鲜、果蔬等冷链运输产品的损耗率；要大力发展逆向物流，注重废弃物的回收利用，减少资源浪费；要整合供应链，实现信息共享，降低货物运输过程中的空载率。第二，流通企业在产品包装过程中要遵循绿色理念，减少过度包装，节约资源。第三，餐饮企业要采取奖惩措施，引导消费者合理就餐，杜绝铺张浪费。第四，流通企业需要加强技术创新，引进和应用节能产品，通过技术改进来节约资源，降低能耗。

（四）落实开放发展理念，推动流通产业"走出去"

开放是国家繁荣发展的必由之路。目前我国流通产业竞争力不强，必须落实开放发展理念，建设统一的国内流通市场，在此基础上推动流通产业"走出去"。

从政府层面看：第一，继续破除地方保护主义，打破区域市场分割，推进国内统一市场方面建设，强化内贸流通主管部门的权威地位，提升统一协调功能，对流通产业进行全面统筹和规划，进一步完善行政管理职能，提高对行业发展的指导作用。第二，优化法律、商业环境，完善服务贸易政策体系，在财政、税收、外汇、信贷等方面对流通企业境外投资提供全方位服务，提高服务保障能力。第三，继续推进"一带一路"建设和自贸区建设，拓展与周边国家、地区进行贸易的范围，与国外签订双边投资保护协定，建立政府间商贸流通协调机制，鼓励企业通过设立或并购研发机构，吸纳先进生产要素，培育国际知名品牌，增强流通企业在国外的竞争力和影响力。

从企业层面看：第一，要加大技术创新，积极进行跨国并购，提高产业集中度，做大做强，增强流通企业竞争力，建设有国际知名度的流通企业品牌。第二，要以"一带一路"建设和自贸区战略为契机，拓展与周边国家、地区进行贸易的范围，增加商品贸易的方式，丰富商品贸易的种类。

（五）落实共享发展理念，促进
全民共享流通产业红利

共享是中国特色社会主义的本质要求。流通产业需要落实共享发展理念，让全体社会成员都能共享流通产业福利。

从政府层面看：第一，要实施脱贫攻坚工程，建立更公平、更可持续的社会保障制度，缩小城乡收入差距，提高低收入群体的消费意愿和消费能力。第二，要加大实施供给侧结构性改革力度，丰富供给层次，让不同收入阶层、不同年龄阶段和不同消费偏好人群都能买到自己满意的产品。第三，要优化农村商业环境，合理规划，统筹安排，引导更多农村闲置人口进入流通产业的"蓄水池"。第四，要合理设计税收制度，积极推动流通企业税制改革，降低流通企业的税费负担。

从企业层面看：第一，要丰富供给层次，让不同社会群体都可以获得满足自身需求的商品。第二，要增加农村地区和西部贫困地区的商业网点建设，增加

产品有效供给。第三，要加强信息平台建设，促进流通企业之间实现信息共享，减少资源浪费，增加社会福利。

参 考 文 献

［1］丁俊发：《流通创新驱动的十大对策》，《中国流通经济》2013 年第 2 期。

［2］国务院：《关于深化流通体制改革加快流通产业发展的意见》（国发〔2012〕39 号）。

［3］贺爱忠、杜静、唐宇：《"两型"试验区流通业绿色发展状况与提升对策探讨》，《北京工商大学学报》（社会科学版）2013 年第 28 期。

［4］洪涛：《促进绿色流通向低碳流通的转型与升级》，《中国流通经济》2011 年第 25 期。

［5］洪涛：《我国城乡流通业协调发展初探》，《中国流通经济》2010 年第 24 期。

［6］贾伟：《我国流通企业"走出去"的若干思考——首都经济贸易大学教授、博士生导师祝合良访谈录》，《经济师》2013 年第 6 期。

［7］纪良纲：《流通持续创新的驱动力与创新方向》，《商业时代》2013 年第 32 期。

［8］荆林波：《流通效率和流通创新》，《商场现代化》2013 年第 32 期。

［9］李冠艺、徐从才：《互联网时代的流通组织创新——基于演进趋势、结构优化和效率边界视角》，《商业经济与管理》2016 年第 1 期。

［10］路红艳：《加快中国流通业"走出去"的战略思考》，《中国经贸导刊》2014 年第 16 期。

［11］欧阳泉：《基于低碳经济视角的流通业发展路径选择研究》，《中国流通经济》2011 年第 25 期。

［12］芮明杰、刘明宇、陈扬：《我国流通产业发展的问题、原因与战略思路》，《财经论丛》2013 年第 6 期。

［13］宋则：《"十三五"时期寻求商贸流通业创新发展新突破》，《中国流通经济》2016 年第 1 期。

［14］徐匡迪：《依靠科技进步促进绿色发展》，《中国流通经济》2011 年第 25 期。

［15］闫星宇：《经济发展方式转变视角下的流通创新》，《产业经济研究》2010 年第 4 期。

［16］赵萍：《我国流通企业"走出去"的现状、问题与对策》，《时代经贸》2010 年第 17 期。

［17］中国社会科学院财经战略研究院流通产业课题组：《我国流通体制改革面临的问题与对策研究》，《价格理论与实践》2013 年第 12 期。

［18］种璟：《促进消费视角下城乡流通协调发展研究》，硕士学位论文，厦门大学，2012 年。

［19］朱瑞庭、尹卫华：《我国零售业"走出去"战略的支撑体系》，《中国流通经济》2014 年第 12 期。

［20］左剑君：《关于商贸流通业低碳化发展的对策》，《经济论坛》2011 年第 1 期。

［21］丁俊发：《流通创新驱动的十大对策》，《中国流通经济》2013 年第 2 期。

［22］冯明：《内外贸一体化的内涵及发展思路探讨》，《商业经济》2013 年第 23 期。

［23］郝爱民：《统筹城乡流通体系的协调机制与路径选择》，《北京工商大学学报》（社会科学版）2012 年第 1 期。

［24］洪涛：《我国城乡流通业协调发展初探》，《中国

流通经济》2010 年第 7 期。

［25］洪涛：《绿色流通科技、构成及其政策建议》，《中国流通经济》2010 年第 12 期。

［26］胡雅蓓、张为付：《基于供给、流通与需求的文化消费研究》，《南京社会科学》2014 年第 8 期。

［27］荆林波：《中国流通业效率实证分析和创新方向》，《中国流通经济》2013 年第 6 期。

［28］李骏阳：《建立扩大消费需求长效机制的流通业再造》，《中国流通经济》2014 年第 6 期。

［29］刘卫锋、但承龙：《我国流通产业组织创新的动因与方向》，《中国流通经济》2009 年第 3 期。

［30］任保平、王辛欣：《商贸流通业地区发展差距评价》，《社会科学研究》2011 年第 2 期。

［31］徐从才：《论流通创新与贸易增长方式转变》，《商业经济与管理》2008 年第 11 期。

［32］叶宏庆、魏冬冬、姚博：《共享型流通市场成长之供需成因的经济学解读》，《统计与决策》2015 年第 24 期。

［33］张国玲、田旭：《低碳经济下我国发展绿色流通的策略探析》，《现代物流》2011 年第 5 期。

［34］朱成钢：《建立与绿色消费相适应的商品流通业》，《商业经济》2006 年第 21 期。